十三五

“十三五”普通高等教育系列教材

基于MATLAB的信号与系统实验指导

主编　尚　宇
编写　潘海仙　杨红丽
主审　张永瑞

中国电力出版社
CHINA ELECTRIC POWER PRESS

内 容 提 要

本书为“十三五”普通高等教育规划教材。

全书共六个部分 21 个实验，第一至第五部分包含了基础实验和设计型实验，可根据学生的专业要求选择不同深度的内容，第六部分是综合型实验，可作为开放性实验、课程设计等内容。六个部分分别是信号的 MATLAB 表示和运算、信号与系统的时域分析、系统的频率域分析、系统的复频域分析、状态方程及信号处理综合实验。本书每一个实验均给出了例题的 MATLAB 程序及 LabVIEW 的 VI，并附有思考题，部分实验可通过扫描二维码观看视频讲解。

本书可作为“信号与系统”或“信号分析与处理”课程的实验教材，也可作为电子信息工程、通信工程、生物医学工程、自动化、计算机等专业技术人员的参考书。

图书在版编目（CIP）数据

基于 MATLAB 的信号与系统实验指导/尚宇主编. —北京：中国电力出版社，2020.2（2025.4 重印）

“十三五”普通高等教育规划教材

ISBN 978-7-5198-4308-3

Ⅰ. ①基… Ⅱ. ①尚… Ⅲ. ①Matlab 软件－应用－信号系统－实验－高等学校－教材 Ⅳ. ①TN911.6-33

中国版本图书馆 CIP 数据核字（2020）第 024351 号

出版发行：中国电力出版社
地　　址：北京市东城区北京站西街 19 号（邮政编码 100005）
网　　址：http://www.cepp.sgcc.com.cn
责任编辑：冯宁宁（010-63412537）
责任校对：黄　蓓　常燕昆
装帧设计：赵姗姗
责任印制：吴　迪

印　　刷：北京锦鸿盛世印刷科技有限公司
版　　次：2020 年 7 月第一版
印　　次：2025 年 4 月北京第四次印刷
开　　本：787 毫米×1092 毫米　16 开本
印　　张：6
字　　数：138 千字
定　　价：25.00 元

前 言

“信号与系统”课程是高等学校电子信息类专业本科重要的一门专业基础课。目前已进入信息化时代，智能技术的飞速发展，使得信号分析与处理方法广泛应用于通信系统、人工智能系统、大数据处理等诸多领域。而信号与系统的分析方法正是为信号的数字处理奠定了理论基础。通过实验可以使学生巩固所学基本理论，掌握基本的信号与系统分析的理论及方法，综合运用所学知识，为后续课程打下坚实的基础。同时提高学生分析归纳能力、编程计算能力和解决各种实际问题的能力，培养科学精神和创新能力。

全书以信号处理的基本理论和应用技术为主线，将“离散时间信号与系统分析”和“连续时间信号与系统分析”融为一体，注重知识结构的对称性和统一性；同时补充有关信号处理系统实现和工程应用内容，包括语音信号处理和心电信号处理等领域的应用方法与实例，增强理论与实际的有机结合。

全书共六部分，第一部分是信号的 MATLAB 表示和运算（包括基本连续和离散信号的表示、连续时间信号和离散时间信号的基本运算），第二部分是信号与系统的时域分析（包括连续时间信号的卷积积分、连续 LTI 系统的时域分析、离散信号的卷积、离散 LTI 系统的时域分析），第三部分是系统的频率域分析（包括周期信号和非周期信号的频谱、信号的时域采样与恢复及采样系统的仿真实现），第四部分是系统的复频域分析（包括连续系统的 S 域分析和离散系统的 Z 域分析），第五部分是系统状态方程的建立与求解，第六部分是信号处理综合实验（包括语音信号滤波器设计、语音信号采集与恢复、基于数字滤波器的心电信号滤波设计、基于小波变换的心电信号滤波算法设计、基于 LabVIEW 的 QRS 波检测系统设计、基于 LabVIEW 的心电信号采集系统设计和基于 LabVIEW 的 HRV 分析系统设计），该部分介绍了心电信号的基本知识、巴特沃斯与切比雪夫两种滤波器的设计方法、小波变换基本理论、LabVIEW 软件的使用方法及如何用 LabVIEW 实现心电信号的采集与分析。每一个实验均给出了示例的 MATLAB 程序和 LabVIEW 的 VI，并附有思考题。

本书内容丰富、全面，富有代表性及先进性；编排按先易后难、先基本后综合的顺序，具有层次化、模块化的结构，读者可根据学时要求自行选择。

本书由西安工业大学电子信息工程学院编写，第一部分由尚宇编写，第二部分由潘海仙编写，第三部分由杨红丽、朱婷婷编写，第四、五部分由张艳玲编写，第六部分由尚宇编写，全书由尚宇主编定稿。感谢研究生杨妮、张甜、马晓婷等同学，验证了本书的所有实验。

由于编者水平有限，书中难免有不足之处，欢迎广大读者批评指正，使本书进一步完善。

编 者

2019 年 12 月

目　录

全书总码

目录

全书总码

第一部分　信号的MATLAB表示和运算

实验一　基本连续和离散信号的表示

预习要求

（1）按照示例要求将程序补充完整。

（2）了解常用典型连续信号和离散信号。

一、实验目的

（1）了解常用基本信号及特点。

（2）学习并掌握使用 MATLAB 产生基本信号、绘制信号波形的方法，为信号分析和系统设计奠定基础。

二、实验原理

MATLAB 提供了许多函数产生常用的基本信号：如阶跃信号、脉冲信号、指数信号、正弦信号和周期方波等。这些基本信号是信号处理的基础。

1. 连续信号的 MATLAB 表示

（1）单位阶跃信号。

单位阶跃信号 $\varepsilon(t)$ 用“ $t>=0$ ”产生，调用格式为 χ=(t>=0)。产生单位阶跃信号 $\varepsilon(t)$ 的 MATLAB 程序如下，运行结果如图 1.1 所示。

```
clc;
clear;
t=-1:0.01:4;
ft=(t>=0);
plot(t,ft);
axis([-1 ,4,-0.2,1.2]);
grid on;
```

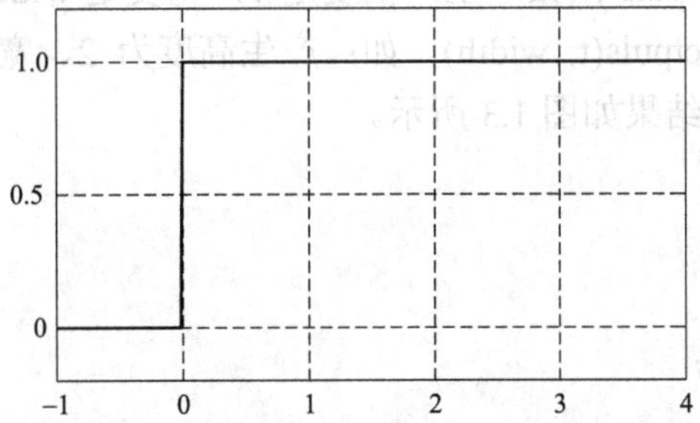

图 1.1　阶跃信号

（2）指数信号。

指数信号在 MATLAB 中用 exp 函数表示，$f(t)=Ae^{at}$ 的调用格式为 f(t)=A*exp(a*t)。如：产生随时间衰减的指数信号 $f(t)=6e^{-t}$ 的 MATLAB 程序如下，运行结果如图 1.2 所示。

```
clc;
clear;
t=0:0.01:6;
ft=6*exp(-1*t);
plot(t,ft);
grid on;
```

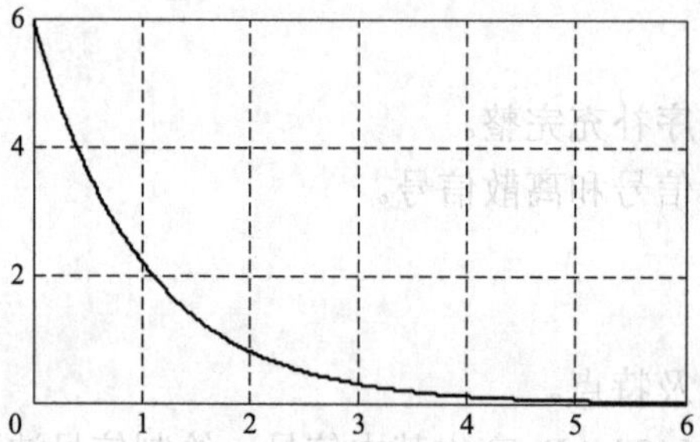

图 1.2 指数函数

（3）正弦函数。

利用 MATLAB 提供的函数 sin 和 cos 可产生正弦和余弦信号，调用格式为 f(t)=A*cos(w0*t+phi)和 f(t)=A*sin(w0*t+phi)。如：产生一个幅度为 4，频率为 6Hz，相位为π/5 的正弦信号的 MATLAB 程序如下：

```
clc;
clear;
f0=6;
ω0=2*pi*f0;
t=0:0.001:1;
ft=4*sin(ω0*t+pi/5);
plot(t,ft);
grid on;
```

（4）矩形脉冲信号。

矩形脉冲信号可用 rectpuls 函数产生，幅度是 1，宽度是 width，以 t=0 为对称中心的矩形脉冲的调用格式为 ft=rectpuls(t, width)。如：产生高度为 2、宽度为 3 的矩形脉冲信号的 MATLAB 程序如下，运行结果如图 1.3 所示。

```
clc;
clear;
t=-3:0.01:3;
ft=2*rectpuls(t,3);
plot(t,ft);
axis([-3 ,3,-0.5,2.5]);
```

```
grid on;
```

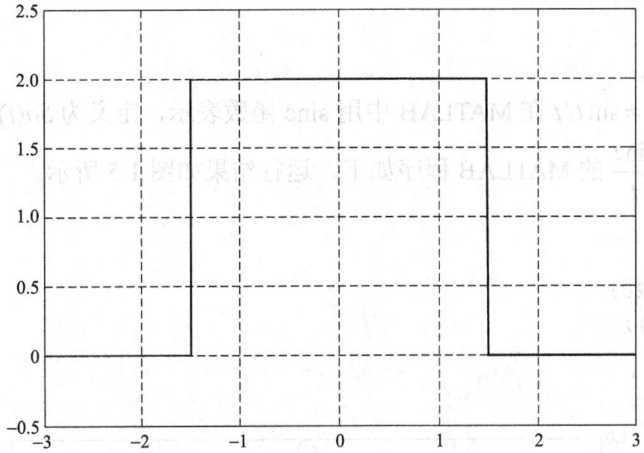

图 1.3 矩形脉冲信号

（5）周期方波。

周期方波用函数 square(w0*t)产生。函数 square(w0*t, DUTY)产生基本频率为 W_0（周期 $T=2\pi/\omega_0$）、占空比 DUTY $=\tau/T*100$ 的周期方波，其中 τ 为一个周期中信号为正的时间长度。当 $\tau=T/2$ 时，DUTY=50，则 square(w0*t, 50)效果等同于 square(w0*t)。

如产生一个幅度为 1，基频为 5Hz，占空比为 50%的周期方波的 MATLAB 程序如下，请将下面的程序补充完整。运行结果如图 1.4 所示。

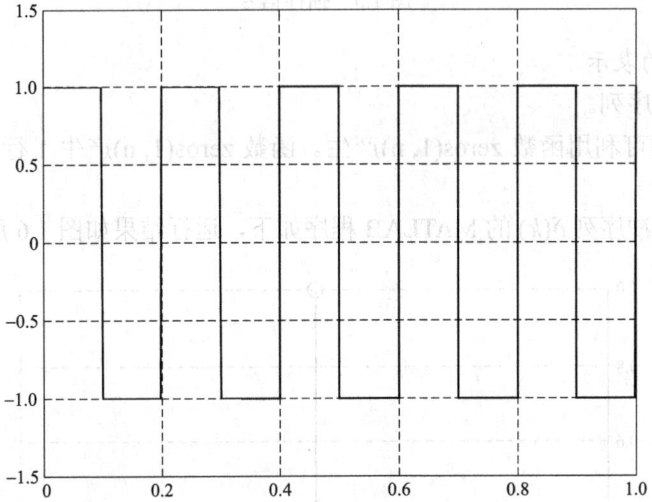

图 1.4 周期方波信号

```
clc;
clear;
f0=5;
t=0:0.001:1;
__________;               %角频率与频率的转换关系ω0 = 2πf0
ft=square(ω0*t,50);       %duty cycle=50%
```

```
plot(t,ft);
axis([0,1,-1.5,1.5]);
grid on;
```

（6）抽样函数。

抽样信号 $Sa(t)=\sin t/t$ 在 MATLAB 中用 sinc 函数表示，定义为 $Sa(t)=\sin c(t/\pi)$ 。如产生抽样信号 $f(x)=\frac{\sin t}{t}$ 的 MATLAB 程序如下，运行结果如图 1.5 所示。

```
clc;
clear;
t=-20:0.001:20;
ft=sinc(t/pi);
plot(t,ft);
grid on;
```

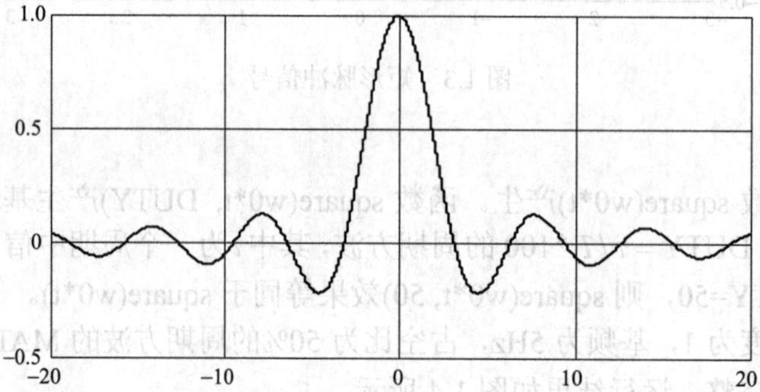

图 1.5 抽样信号

2. 离散信号的表示

（1）单位脉冲序列。

单位脉冲序列可利用函数 zeros(1, n)产生。函数 zeros(1, n)产生 1 行 n 列的由 0 组成的矩阵。

如产生单位脉冲序列 $\delta(k)$ 的 MATLAB 程序如下，运行结果如图 1.6 所示。

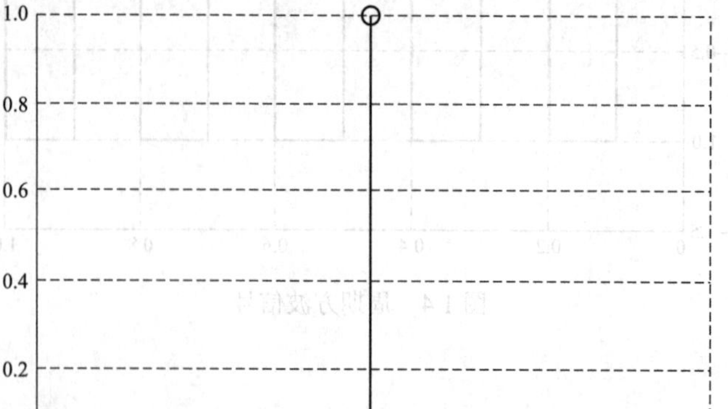

图 1.6 单位脉冲序列

```
clc;
clear;
k=-5:5;
fk=[zeros(1,5),1,zeros(1,5)];
stem(k,fk);
grid on;
```

（2）单位阶跃序列。

产生阶跃序列可用函数 zeros(1, n)和 ones(1, n)实现。其中函数 ones(1, n)产生 1 行 n 列的由 1 组成的矩阵。如产生单位阶跃序列 $\varepsilon(k)$ 的 MATLAB 程序如下，运行结果如图 1.7 所示。

```
clc;clear;
k=-5:10;
fk=[zeros(1,5),ones(1,11)];
stem(k,fk);
```

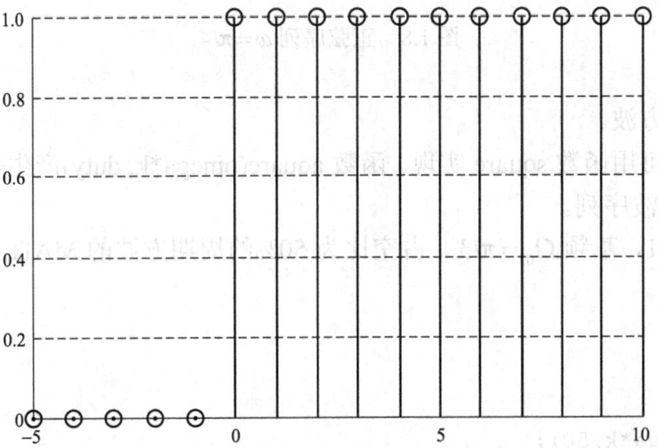

图 1.7 单位阶跃序列

（3）指数序列。

指数序列可以用.^符号实现，如产生离散序列 $x(k)=0.6(2)^k$ 的 MATLAB 程序如下。

```
clc;clear;
k=-5:5;
fk=0.6*2.^k;
stem(k,fk);
grid on;
```

（4）正弦序列。

函数 sin 可产生正弦序列，调用格式为 fk=A*sin(omega*k+phi)。如产生正弦序列 $2\sin\left(\text{omega}*k+\frac{\pi}{3}\right)$ 的 MATLAB 程序如下（请根据仿真结果将程序补充完整），运行结果如图 1.8 所示。

```
clc;clear;k=-8:8;
omega=______;          %设定 ω 的值，如 ω=π/3，请在下面图中画出运行结果
```

```
phi= pi/3;
fk=2*sinss(omega*k+phi);
stem(k,fk);
grid on;
```

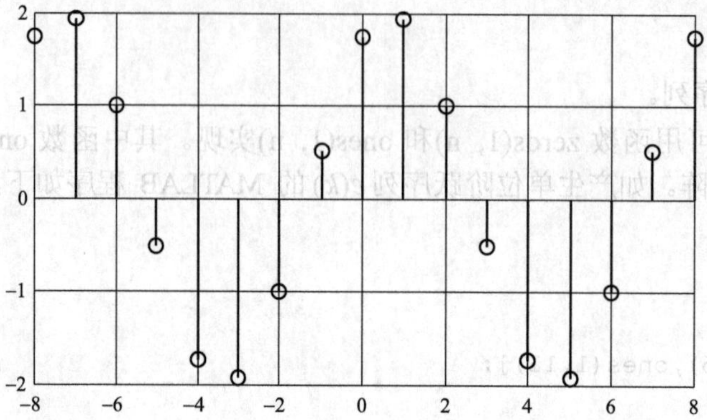

图 1.8　正弦序列 $\omega=\pi/4$

（5）离散周期方波。

离散周期方波可用函数 square 实现。函数 aquare(omega*k, duty)产生基频为 omega，占空比为 duty 的周期方波序列。

如产生幅度为 1，基频 $\Omega_0=\pi/3$、占空比为 50%的周期方波的 MATLAB 程序如下，运行结果如图 1.9 所示。

```
clc;clear;
omega=pi/3;
k=-9:9;
x=square(omega*k,50);
stem(k,x);
grid on;
```

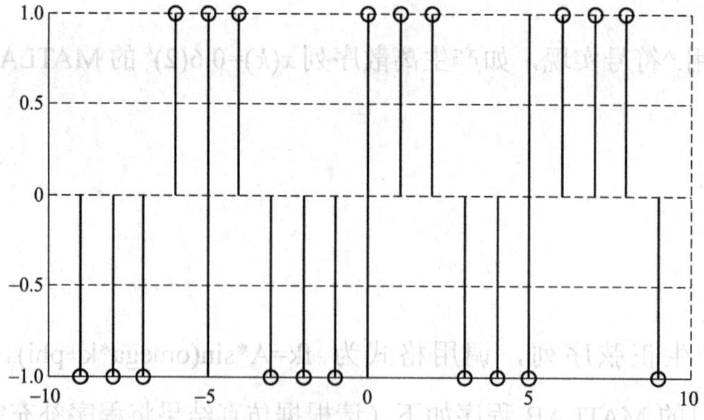

图 1.9　离散周期方波

（6）白噪声序列。

白噪声序列又称为随机序列，可用函数 rand 产生。函数 rand 可产生均值为 0，方差为 1

的高斯分布的白噪声序列。如产生一个 50 点长的高斯白噪声序列的 MATLAB 程序如下，运行结果如图 1.10 所示。

```
N=50;
k=0:N-1;
fk=rand(1,N);
stem(k,fk);
grid on;
```

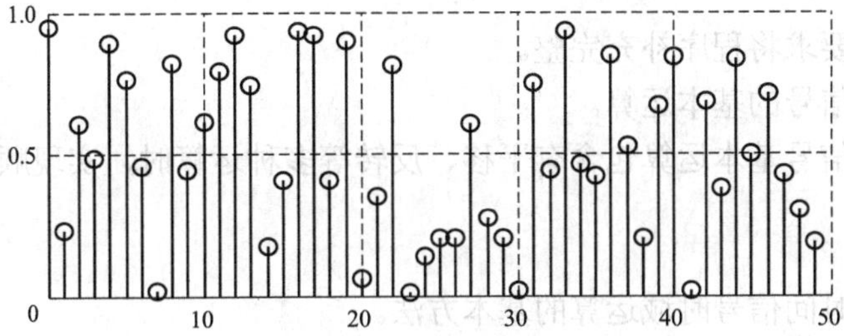

图 1.10　白噪声序列

三、实验内容

（1）将第二部分实验原理中的各个基本信号的源程序输入 MATLAB，运行程序进行验证。

（2）编写实现下列信号的 MATLAB 程序，并给出运行结果。

1） $f(t)=10\mathrm{e}^{-t}-5\mathrm{e}^{-2t}$，$0<t<5$。

2） $f(t)=\cos(100t)+\cos(3000t)$，$0<t<0.2$。

3） $f(k)=2\delta(k-1)$，$-5\leqslant k\leqslant 5$。

4） $f(k)=5(0.8)^k\cos(0.9\pi k)$，$-5\leqslant k\leqslant 10$。

四、实验要求

（1）简述实验目的及原理，理解并掌握实验方法，独立完成实验内容中各小题的 MATLAB 编程，并对相应的运行结果进行分析。

（2）实验报告要求附源程序、详细注释和程序运行结果图形。

（3）简要回答思考题。

五、思考题

（1）什么是单位冲激信号 $\delta(t)$，能够用 MATLAB 产生单位冲激信号吗？

（2）产生连续信号时，首先要定义时间向量 t=0:T:Tp。其中 T 和 Tp 各是什么含义？

实验二　连续时间信号的基本运算

预习要求

（1）按照示例要求将程序补充完整。

（2）掌握连续信号的基本运算。

（3）如果连续信号基本运算包含有平移、反转等多种运算时，实现顺序如何？

一、实验目的

（1）掌握连续时间信号时域运算的基本方法。

（2）掌握连续信号的基本运算。

二、实验原理

信号的基本运算包括信号的相加（减）、相乘（除）、平移、翻转、倒相、尺度变换、微分和积分等。

（1）相加（减）：$f(t)=f_1(t)\pm f_2(t)$。

（2）相乘：$f(t)=f_1(t)\cdot f_2(t)$。

（3）延时或平移：$f(t)\to f(t-t_0)$，t_0>0时右移；t_0<0时左移。

（4）翻转：$f(t)\to f(-t)$。

（5）尺度变换：$f(t)\to f(at)$，$|a|$>1尺度缩小；$|a|$<1时尺度放大；a<0时，尺度变换中包含翻转。

（6）倒相：$f(t)\to -f(t)$。

（7）微分：$f(t)\to \dfrac{\mathrm{d}f(t)}{\mathrm{d}t}$。

（8）积分：$f(t)\to \int_{-\infty}^{t} f(\tau)\mathrm{d}\tau$。

三、涉及的 MATLAB 函数及调用格式

1. fliplr 函数

功能：实现信号的翻转。

调用格式：

fliplr(f)：对信号 f 进行翻转。

2. diff 函数

功能：实现信号的微分。

调用格式：

Diff(f)：求信号 f 对预设独立变量的一次微分值。

Diff(f, ' t')：求信号 f 对独立变量 t 的一次微分值。

3. int 函数

功能：实现信号的积分。

调用格式：

Int(f)：信号 f 对预设变数 t 的积分值。

Int(f, 't')：信号 f 对独立变量 t 的积分值。

4. tripuls 函数

功能：产生三角波

调用格式：y=tripuls（t，w，s）产生一个最大幅度为 l，宽度为 w，斜率为 s 的三角波（$-1<s<1$）。

四、实验内容

1. 验证性实验

（1）相加。

如实现两个连续信号的相加 $f(t)=\varepsilon(t)+\sin(\pi t)$，MATLAB 源程序如下，运行结果如图 1.11 所示。

```
clc;
clear;
t=-2:0.01:6;
u=(t>=0);
y=sin(pi*t);
ft=y+u;             %信号相加
plot(t,ft);
xlabel('时间(t)');
ylabel('幅值 f(t)');
title('连续信号的相加');
```

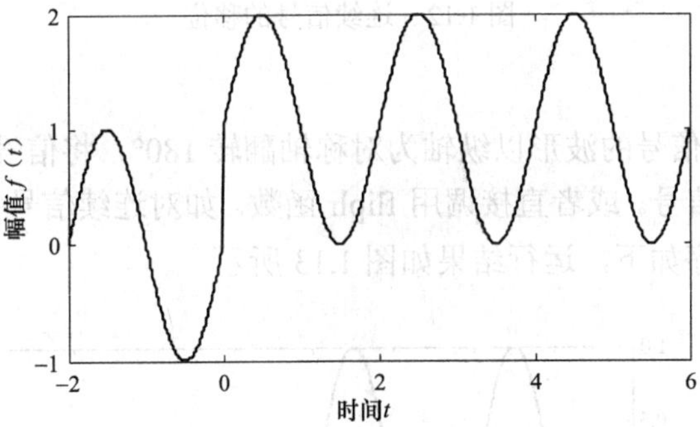

图 1.11　连续信号相加

（2）相乘。

如实现两个连续信号的相乘 $f(t)=\varepsilon(t)\cdot\sin(\pi t)$，MATLAB 源程序如下。

```
clc;
clear;
t=-2:0.01:6;
u=(t>=0);
y=sin(pi*t);
ft=y.*u;            %信号相乘
plot(t,ft);
xlabel('时间(t)');
ylabel('幅值 f(t)');
```

```
title('连续信号的相乘');
```

（3）移位。

如实现连续信号 $f(t)=\sin(\pi t)$ 的移位信号 $f(t)=\sin[\pi(t-0.5)]$，MATLAB 源程序如下，运行结果如图 1.12 所示。

```
clc;
clear;
t=0:0.001:4;
y=sin(pi*(t));
y1=sin(pi*(t-0.5));
plot(t,y,'b',t,y1,'r');
xlabel('时间(t)');
ylabel('幅值 f(t)');
title('连续信号的移位');
```

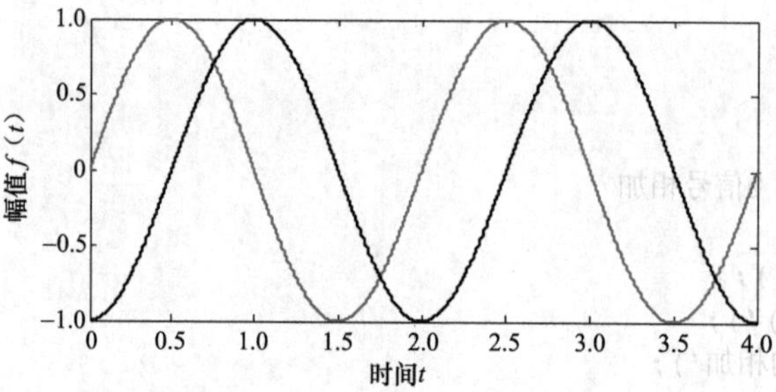

图 1.12　连续信号的移位

（4）翻转。

信号的翻转就是将信号的波形以纵轴为对称轴翻转 180°，将信号 $f(t)$ 中的自变量 t 替换为 $-t$ 即可得到其翻转信号。或者直接调用 fliplr 函数。如对连续信号 $f(t)=\varepsilon(t)\cdot\sin(\pi t)$ 进行翻转的 MATLAB 源程序如下，运行结果如图 1.13 所示。

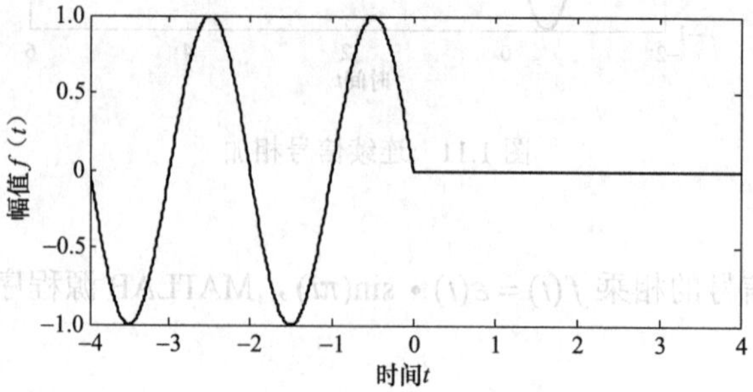

图 1.13　连续信号的翻转

```
clc;
clear;
t=-4:0.01:4;
u=(t>=0);
y=sin(pi*t);
```

```
ft=; _______%两个函数对应相乘 f(t)=ε(t)·sin(πt)(格式形如 x.*y)
ft=fliplr(ft);
plot(t,ft);
xlabel('时间(t)');
ylabel('幅值 f(t)');
title('连续信号的翻转');
```

（5）尺度变换。

将信号 $f(t)$ 中的自变量 t 替换为 at。如 $f(t)$ 为三角波信号，画出 $f(2t)$ 和 $f(0.5t)$ 图形的源程序如下，运行结果如图 1.14 所示。

```
clc;
clear;
t=-4:0.001:4;
ft=tripuls(t,4,0.5);
subplot(3,1,1);
plot(t,ft);
grid on;
title('f(t)');
ft1= tripuls(2*t,4,0.5);
subplot(3,1,2);
plot(t,ft1);
grid on;
title('f(2t)');
ft2= tripuls(0.5*t,4,0.5);
subplot(3,1,3);
plot(t,ft2);
grid on;
title('f(0.5t)');
```

请改变 m、n 的值，在图 1.14 中重绘 $f(mt)$ 和 $f(nt)$。

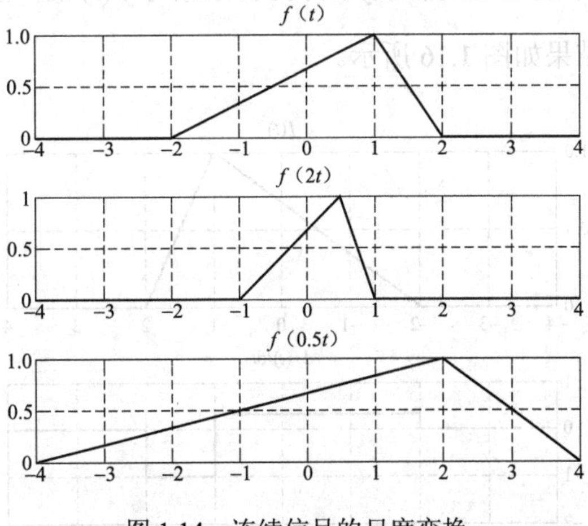

图 1.14 连续信号的尺度变换

（6）倒相。

将信号 $f(t)$ 以横轴为对称轴对折得到 $-f(t)$。将（5）中的三角波信号进行倒相的 MATLAB 源程序如下，运行结果如图 1.15 所示。

```
clc;
clear;
t=-4:0.001:4;
ft=tripuls(t,4,0.5);
subplot(2,1,1);
plot(t,ft);
grid on;
title ('f(t)');
ft1=-ft
subplot(2,1,2);
plot(t,ft1);
grid on;
title ('-f(t)');
```

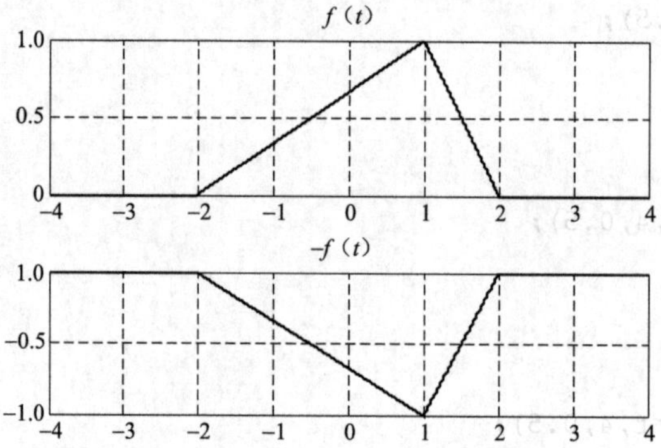

图 1.15　连续信号的倒相

（7）微分。

微分即求导，以（5）中的三角波信号 $f(t)$ 为例，求信号 $f(t)$ 的一阶导数 $\frac{\mathrm{d}f(t)}{\mathrm{d}t}$ 的 MATLAB 源程序如下所示，运行结果如图 1.16 所示。

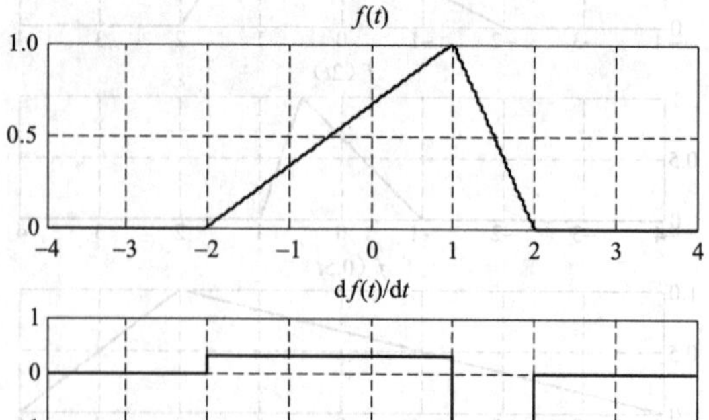

图 1.16　连续信号的微分

```
clc;
clear;
```

```
h=0.001;
t=-4:0.001:4;
ft=tripuls(t,4,0.5);
ft1=diff(ft)/h;
subplot(2,1,1);
plot(t,ft);
title('f(t)');
grid on;
subplot(2,1,2);
plot(t(1:length(t)-1),ft1);
title('df(t)/dt');
grid on;
```

（8）积分。

积分求信号 $f(t)$ 在区间（$-\infty$，t）内的一次积分 $\int_{-\infty}^{t} f(\tau)\mathrm{d}\tau$。如对信号 $f(t)=2t^2$ 求一次积分的 MATLAB 源程序如下所示，运行结果如图 1.17 所示。

```
clc;
clear;
t= -1:0.2:1;
syms t;
ft=2*t*t;
ft1=int(ft);
subplot(2,1,1);
ezplot(ft);
grid on;
subplot(2,1,2);
ezplot(ft1);
grid on;
```

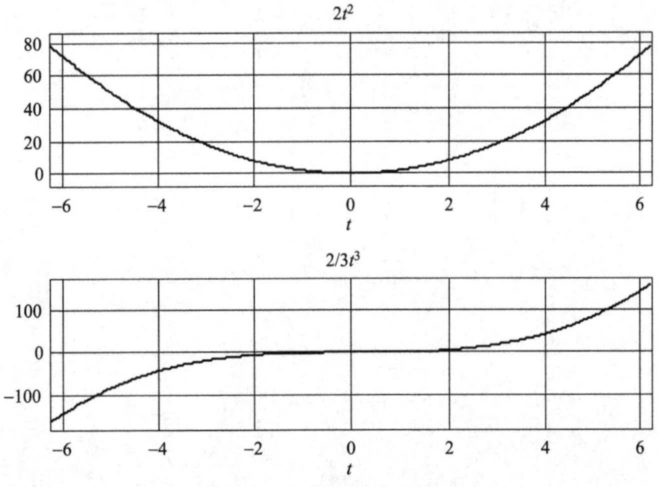

图 1.17 连续信号的积分

2. 程序设计实验

编写 MATLAB 程序，实现下列各小题要求的信号，并作出图形。

（1） $f(t)=t\varepsilon(t)$， $0<t<10$

（2） $f(k)=\varepsilon(k+2)-\varepsilon(k-5)$， $-5\leqslant k\leqslant 10$

（3） $f_1(t)=\sin\omega t$， $f_2(t)=\sin 8\omega t$， $\omega=2\pi$，求 $f_1(t)+f_2(t)$和$f_1(t)f_2(t)$。

五、实验要求

（1）简述实验目的及原理，在计算机中输入每个验证实验的源程序，验证实验结果。

（2）自行编制完整的实验程序，完成程序设计实验内容。

（3）简要回答思考题。

（4）独立完成实验报告，列出源程序、程序注释和实验结果，并给出实验结果分析。

六、思考题

（1）什么是信号的翻转，尺度变换和平移？

（2）能否将信号 $f(at+b)$ 先平移后尺度变换得到信号 $f(t)$？

实验三　离散时间信号的基本运算

预习要求

（1）按照示例要求将程序补充完整。

（2）掌握离散信号的基本运算。

（3）如果离散信号基本运算包含有平移、反转等多种运算时，实现顺序如何？

一、实验目的

（1）掌握离散时间信号时域运算的基本实现方法。

（2）熟悉相关函数的调用格式及作用。

（3）掌握离散信号的基本运算。

二、实验原理

离散信号的基本运算主要包括：序列的相加、相乘、位移、翻转、差分和求和等。在实验二中连续信号的基本运算知识基础上，表 1.1 列出离散时间信号的基本运算数学表达式和利用 MATLAB 实现的函数调用格式。

表 1.1　　离散时间信号的基本运算和 MATLAB 实现

运算名称	数学表达式	MATLAB 实现
两个信号相加	$y(k)=f_1(k)+f_2(k)$	$y=f_1+f_2$
两个信号相乘	$y(k)=f_1(k)f_2(k)$	$y=f_1f_2$
位移	$y(k)=f(k-n)$	$y=fliplr(f)$
翻转	$y(k)=f(-k)$	$y=fliplr(f)$
差分	$y(k)=f(k+1)-f(k)$	$y=diff(f)$
求和	$y=\sum_{k=k_1}^{k_2}f(k)$	$y=sum[f(k_1:k_2)]$

三、涉及的 MATLAB 函数及调用格式

1. fliplr 函数

功能：实现距阵行元素的左右翻转。

调用格式：y=fliplr(f)，实现的对序列 $f(k)$ 的翻转。

2. diff 函数

功能：实现信号的差分。

调用格式：y=diff(f)，求序列 $f(k)$ 求差分运算。

3. sum 函数

功能：实现离散序列的求和。

调用格式：y=sum(f(k1:k2))，把序列 $f(k)$ 在 k1 和 k2 之间的所有序列值相加。

四、实验内容

1．验证性实验

（1）序列相加。

如已知序列 $f_1(k)=[1,2,3,4,5],-1\leqslant k\leqslant 3, f_2(k)=[5,6,7],2\leqslant k\leqslant 4$ 求两序列之和的 MATLAB 源程序如下，请将下面的程序补充完整。运行结果如图 1.18 所示。

```
clc;
clear;
x1=[1,2,3,4,5];
k1=;________;                    % -1≤k≤3
x2=[5,6,7];
k2 =___________;                 % 2≤k≤4
k=min([k1,k2]):max([k1,k2]);
f1=zeros(1,length(k));
f2=zeros(1,length(k));
f1(find((k>=min(k1))&(k<=max(k1))==1))=x1;
f2(find((k>=min(k2))&(k<=max(k2))==1))=x2;
f=f1+f2;
subplot(3,1,1)
stem(k1,x1,'filled');
axis([-1,4,0,15]);
title('f1');
grid on;
subplot(3,1,2)
stem(k2,x2,'filled');
title('f2');
grid on;
axis([-1,4,0,15]);
subplot(3,1,3)
```

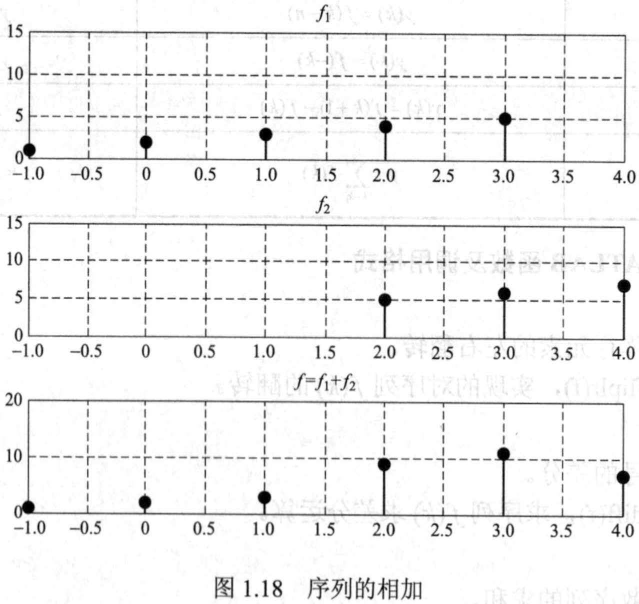

图 1.18　序列的相加

```
stem(k,f,'filled');
title('f');
grid on;
```

（2）序列的相乘。

如已知（1）中两个序列，$f_1(k)=[1,2,3,4,5]$，$-1\leqslant k\leqslant 3$，求两序列乘积的 MATLAB 源程序如下。

```
clc;
clear;
x1=[1,2,3,4,5];
k1=-1:3;
x2=[5,6,7];
k2 =2:4;
k=min([k1,k2]):max([k1,k2]);
f1=zeros(1,length(k));
f2=zeros(1,length(k));
f1(find((k>=min(k1))&(k<=max(k1))==1))=x1;
f2(find((k>=min(k2))&(k<=max(k2))==1))=x2;
f=f1.*f2;
subplot(3,1,1)
stem(k1,x1,'filled');
axis([-1,4,0,15]);
title('f1');
grid on;
subplot(3,1,2)
stem(k2,x2,'filled');
title('f2');
grid on;
axis([-1,4,0,15]);
subplot(3,1,3)
stem(k,f,'filled');
title('f=f1*f2');
grid on;
```

（3）序列的翻转。

如已知（1）中的序列 $f_1(k)=[1,2,3,4,5]$，$-1\leqslant k\leqslant 3$，求序列的翻转序列的 MATLAB 源程序如下，运行结果如图 1.19 所示。

```
clc;
clear;
f1=[1,2,3,4,5];
k1=-1:3;
k=-fliplr(k1);
f=fliplr(f1);
subplot(2,1,1)
stem(k1,f1,'filled');
axis([-3,3,0,5]);
title('f1');
grid on;
```

```
subplot(2,1,2)
stem(k,f,'filled');
title('f1 的翻转序列');
axis([-3,3,0,5]);
grid on;
```

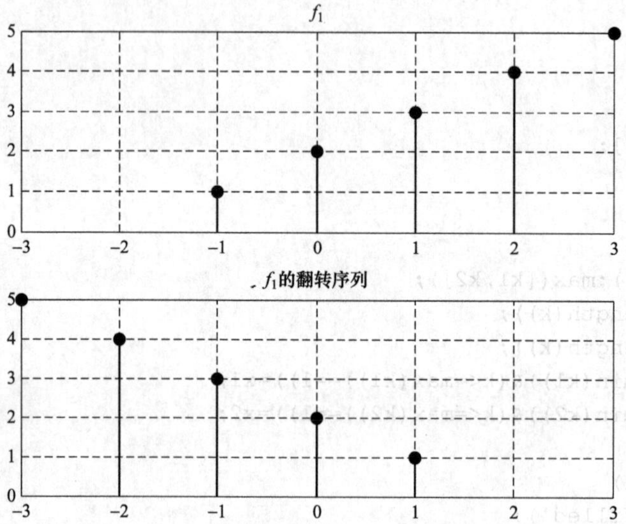

图 1.19 序列的翻转

（4）序列的倒相。

如已知（1）中的序列 $f_1(k)=[1,2,3,4,5]$，$-1 \leqslant k \leqslant 3$，求序列的倒相序列的 MATLAB 源程序如下，运行结果如图 1.20 所示。

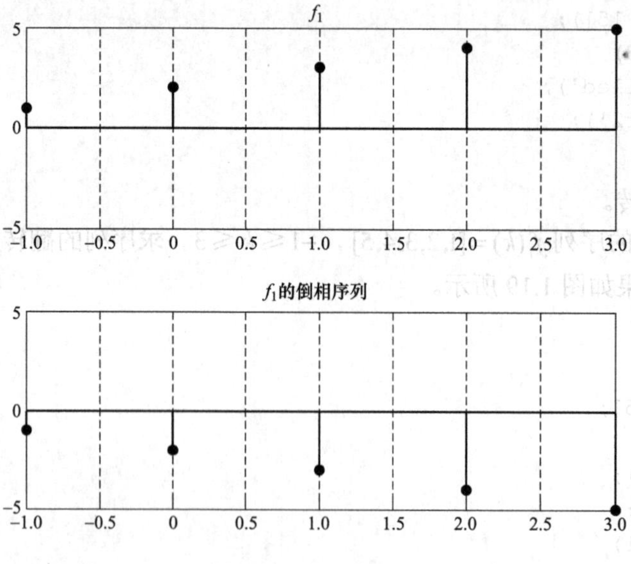

图 1.20 序列的倒相

```
clc;
clear;
```

```
f1=[1,2,3,4,5];
k1=-1:3;
k=k1;
f =-f1;
subplot(2,1,1)
stem(k1,f1,'filled');
axis([-1,3,-5,5]);
title('f1');
grid on;
subplot(2,1,2)
stem(k,f,'filled');
title('f1 的倒相序列');
axis([-1,3,-5,5]);
grid on;
```

（5）序列的平移。

如已知（1）中的序列 $f_1(k)=[1,2,3,4,5]$，$-1\leqslant k\leqslant 3$，求序列向右平移两个单位的新序列的 MATLAB 源程序如下，运行结果如图 1.21 所示。

```
clc;
clear;
f1=[1,2,3,4,5];
k1=-1:3;
k0=2;
k=k1+k0;
f=f1;
subplot(2,1,1)
stem(k1,f1,'filled');
axis([-1,5,0,5]);
title('f1');
grid on;
subplot(2,1,2)
stem(k,f,'filled');
```

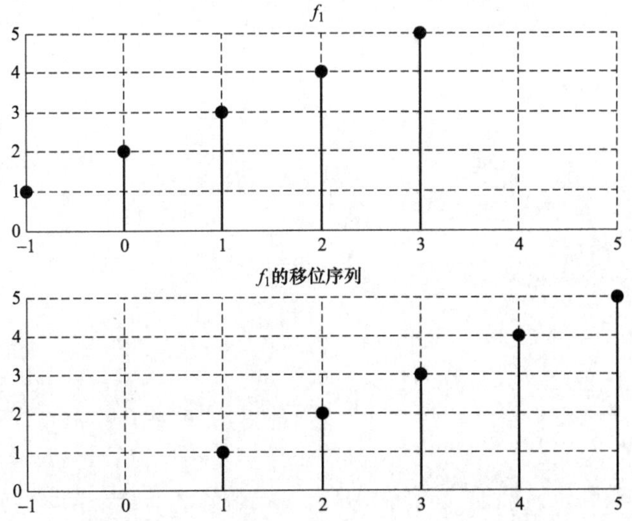

图 1.21　序列的平移

```
title('f1 的移位序列');
axis([-1,5,0,5]);
grid on;
```

2. 程序设计实验

$f_1=[0,1,2,3,4,4,3]$，$k_1=[1:6]$；$f_2=[2,2,0,0,0,-2,-2]$，$k_2=[2:8]$。试编写 MATLAB 源程序，分别绘出他们的图形，以及它们的和及乘积的图形。

五、实验要求

（1）简述实验目的及原理，在计算机中输入每个验证实验的源程序，验证实验结果。

（2）自行编制完整的实验程序，完成程序设计实验内容。

（3）简要回答思考题。

（4）独立完成实验报告，列出源程序、程序注释和实验结果，并给出实验结果分析。

六、思考题

将信号分解为冲激信号序列有何实际意义？

第二部分　信号与系统的时域分析

实验四　连续时间信号的卷积积分

预习要求

（1）什么是卷积积分？
（2）卷积积分有哪些性质？
（3）了解卷积积分的物理意义。

一、实验目的

（1）熟悉卷积的定义和表示。
（2）熟悉利用计算机进行卷积运算的原理和方法。
（3）掌握连续信号卷积运算函数 conv 的应用。

二、实验原理

1. *卷积的定义*

卷积积分可以表示为

$$f(t)=f_1(t)*f_2(t)=\int_{-\infty}^{\infty}f_1(\tau)f_2(t-\tau)\mathrm{d}\tau=\int_{-\infty}^{\infty}f_2(t-\tau)f_1(\tau)\mathrm{d}\tau$$

2. *卷积积分的图形计算法*

卷积积分的计算从图形上可以分为四个步骤：翻转→平移→相乘→叠加（积分）。

3. *卷积积分的应用*

卷积积分是信号与系统时域分析的基本手段，主要用于求取系统零状态响应，它避开了经典分析方法中求解微分方程时需要求系统初始值的问题。

设一个线性零状态系统，已知系统的单位冲击响应为 $h(t)$，当系统的激励信号为 $x(t)$ 时，系统的零状态响应为

$$y_{zs}(t)=\int_0^t x(\tau)h(t-\tau)\mathrm{d}\tau=\int_0^t x(t-\tau)h(\tau)\mathrm{d}\tau$$

也可简单地记为

$$y_{zs}(t)=x(t)*h(t)$$

由于计算机技术的发展，通过编程的方法来计算卷积积分已经不再是冗繁的工作，并可以获得足够的精度。因此，信号的时域卷积分析法在系统分析中得到了广泛的应用。卷积积分的数值运算实际上可以用信号的分段求和来实现，即

$$f(t)=f_1(t)*f_2(t)=\int_{-\infty}^{\infty}f_1(\tau)f_2(t-\tau)\mathrm{d}\tau=\lim_{\Delta\to 0}\sum_{k=-\infty}^{\infty}f_1(k\Delta)\cdot f_2(t-k\Delta)\cdot\Delta$$

如果我们只求当 $t=n\Delta$（n 为正整数）时 $f(t)$ 的值 $f(n\Delta)$，则由上式可以得到

$$f(n\Delta)=\sum_{k=-\infty}^{\infty} f_1(k\Delta)\cdot f_2(n\Delta-k\Delta)\cdot\Delta=\Delta\sum_{k=-\infty}^{\infty} f_1(k\Delta)\cdot f_2[(n-k)\Delta]$$

上式中的 $\sum_{k=-\infty}^{\infty} f_1(k\Delta)\cdot f_2[(n-k)\Delta]$ 实际上就是连续信号 $f_1(t)$ 和 $f_2(t)$ 经等间隔 Δ 均匀抽样的离散序列 $f_1(k\Delta)$ 和 $f_2(k\Delta)$ 的卷积和，当 Δ 足够小时，$f(n\Delta)$ 就是 $f_1(t)$ 和 $f_2(t)$ 卷积积分的数值近似。因此，在利用计算机求两个连续信号的卷积时，实质上是先将其转化为离散信号，然后再计算，这样可以利用离散信号的卷积和的结论。

三、涉及的 MATLAB 函数

conv 函数：

功能：实现信号的卷积积分。

调用格式：f=conv(f1, f2)；计算两个有限长度序列 $f_1(k)$和$f_2(k)$ 的卷积。

说明：该函数假定两个序列都从零开始。

四、实验内容

1. 验证性实验

（1）conv 函数计算卷积。

若 $f_1(t)=2\varepsilon(t)$，$f_2(t)=\delta(t)$，$f(t)=f_1(t)*f_2(t)$，$f(t)=f_1(t)*f_1(t), f(t)=f_2(t)*f_2(t)$。则利用 conv 函数计算以上卷积积分的 MATLAB 源程序如下。

```
clc;
clear;
a=1000;
t1=-5:1/a:5;
f1=2*stepfun(t1,0);
f2=stepfun(t1,-1/a)-stepfun(t1,1/a);
subplot(2,3,1);
plot(t1,f1);
axis([-5,5,0,3]);
title('f1');
subplot(2,3,2);
plot(t1,f2);
axis([-5,5,0,3]);
title('f2');
y=conv(f1,f2);
r=2*length(t1)-1;
t=-10:1/a:10;
subplot(2,3,3);
plot(t,y);
axis([-5,5,0,3]);
title('f1 与 f2 的卷积');
f11=conv(f1,f1);
f22=conv(f2,f2);
subplot(2,3,4);
plot(t,f11);
title('f1 与 f1 的卷积');
axis([-5,5,0,10000]);
subplot(2,3,5);
```

```
plot(t,f22);
axis([-5,5,0,3]);
title('f2与f2的卷积');
```

（2）连续函数卷积计算（不利用 conv 函数）。

若 $f(t)=\sin(t)$，$h(t)=\mathrm{e}^{-t}$，$0<t<10$，若不利用 conv 函数，设采样间隔为 T，则近似计算以上两信号卷积积分的 MATLAB 源程序如下，请绘制仿真结果。

```
clc;
clear;
t=0:0.1:10;
f=sin(t);
h=0.5*exp(-t);
Lf=length(f);
Lh=length(h);
ncb=t(1)+t(1);
nce=t(Lf)+t(Lh);
nc1=[ncb:0.1:nce];
y=[zeros(1,length(nc1))];
for i=0:Lf+Lh-2
    for j=0:Lf-1
      if((i-j>=0)&(i-j+1<=Lh))
            y(i+1)=y(i+1)+f(j+1).*h(i-j+1);
      end
    end
end
subplot(3,1,1);
plot(t,f);
title('f(t)');
subplot(3,1,2);
plot(t,h);
title('h(t)');
subplot(3,1,3);
plot(nc1,y);
title('卷积的近似计算结果');
```

2. 程序设计实验

（1）若 $f_1(t)=\varepsilon(t)$，$f_2(t)=\varepsilon(t)-\varepsilon(t-2)$，试求两信号的卷积积分。

（2）若 $f_1(t)=\sin(2t)$，$f_2(t)=\delta(t-1)$，试求两信号的卷积积分。

五、实验要求

（1）简述实验目的及原理，在计算机中输入每个验证实验的源程序，验证实验结果。

（2）自行编制完整的实验程序，完成程序设计实验内容。

（3）简要回答思考题。

（4）独立完成实验报告，列出源程序、程序注释和实验结果，并给出实验结果分析。

六、思考题

函数 conv 既不给出也不接受任何信息，怎样才能得到卷积以后的时间信息（即卷积的起点和终点）？请利用卷积函数编写一个可以得到时间信息的改进程序。

实验五　连续 LTI 系统的时域分析

预习要求

（1）什么是单位冲激响应？

（2）单位冲激响应在系统时域分析中有什么作用？

一、实验目的

（1）掌握连续 LTI 系统单位冲激响应的 MATLAB 计算方法。

（2）掌握连续 LTI 系统单位阶跃响应的 MATLAB 计算方法。

（3）重点掌握连续时间系统的零状态响应的 MATLAB 计算方法。

二、实验原理

连续时间线性非时变系统可以用如下的线性常系数微分方程来描述：

$$a_n y^{(n)}(t)+a_{n-1}y^{(n-1)}(t)+\cdots+a_1 y'(t)+a_0 y(t)=b_m f^{(m)}(t)+\cdots+b_1 f'(t)+b_0 f(t)$$

其中，$n \geqslant m$，系统的初始条件为 $y(0_-)$，$y'(0_-)$，$y''(0_-)$，…，$y^{(n-1)}(0_-)$

系统的响应一般包括两个部分，即由当前输入所产生的响应（零状态响应）和由历史输入（初始状态）所产生的响应（零输入响应）。对于低阶系统，一般可以通过解析的方法得到响应。但是，对于高阶系统，手工计算就比较困难，这时 MATLAB 强大的计算功能就能比较容易地确定系统的各种响应，如单位冲激响应、单位阶跃响应、零输入响应、零状态响应、全响应等。

系统的单位冲激响应、单位阶跃响应一般可调用现成的 MATLAB 函数实现，系统的零状态响应则需要根据系统的单位冲激响应，利用卷积的方法计算。设一个线性零状态系统，已知系统的单位冲激响应为 $h(t)$，当系统的激励信号为 $f(t)$ 时，系统的零状态响应为

$$y_{zs}(t)=\int_{-\infty}^{\infty} f(\tau)h(t-\tau)\mathrm{d}\tau=\int_{-\infty}^{\infty} f(t-\tau)h(\tau)\mathrm{d}\tau$$

也可简单记为 $y_{zs}(t)=f(t)*h(t)$。

三、涉及的 MATLAB 函数

1. impulse 函数

功能：计算系统的单位冲激响应。

调用格式：y=impulse(sys, t)，其中 sys 是 LTI 系统模型，t 表示计算系统响应的抽样点向量。

2. step 函数

功能：计算系统的单位阶跃响应。

调用格式：y=step(sys, t)，其中 sys 是 LTI 系统模型，t 表示计算系统响应的抽样点向量。

3. lsim 函数

功能：计算系统的零状态响应。

调用格式：y=lsim(sys, f, t)，其中其中 sys 是 LTI 系统模型，f 是系统输入信号向量，t 表示计算系统响应的抽样点向量。

四、实验内容

1. 验证性实验

若已知一个 LTI 连续系统的微分方程为 $y''(t)+2y'(t)+100y(t)=10\delta(t)$，输入信号为 $f(t)=5\cos(2\pi t)$，则求系统的单位冲激响应、单位阶跃响应和零状态响应的 MATLAB 源程序如下。请绘制仿真结果。

```
clc;
clear;
ts=0;
te=5;
dt=0.01;
sys=tf([10],[1 2 100]);
t=ts:dt:te;
f=5*cos(2*pi*t);
y1=impulse(sys,t);
y2=step(sys,t);
y3=lsim(sys,f,t);
subplot(3,1,1);
plot(t,y1);
title('单位冲激响应');
grid on;
subplot(3,1,2);
plot(t,y2);
title('单位阶跃响应');
grid on;
subplot(3,1,3);
plot(t,y3);
title('零状态响应');
grid on;
```

2. 程序设计实验

已知一个 LTI 连续系统的微分方程为 $y''(t)+4y'(t)+3y(t)=2f'(t)+f(t)$，输入信号为 $f(t)=\mathrm{e}^{-2t}u(t)$，试编写 MATLAB 程序求系统的单位冲激响应、单位阶跃响应和零状态响应。

五、实验要求

（1）简述实验目的及原理，在计算机中输入每个验证实验的源程序，验证实验结果。

（2）自行编制完整的实验程序，完成程序设计实验内容。

（3）简要回答思考题。

（4）独立完成实验报告，列出源程序、程序注释和实验结果，并给出实验结果分析。

六、思考题

（1）连续时间系统的数学模型有哪些？

（2）线性时不变系统零状态响应为输入信号与冲激响应的卷积，其依据是什么？

（3）为什么说系统的冲激响应 $h(t)$ 既可以认为是零状态响应，也可以认为是零输入响应？

实验六　离散信号的卷积和

预习要求

（1）按照示例要求将程序补充完整。
（2）什么是离散信号卷积和？
（3）了解卷积和的性质及物理意义。

一、实验目的

（1）熟悉离散时间信号卷积的定义、表示以及卷积的结果。
（2）掌握利用计算机进行离散时间信号卷积运算的原理和方法。
（3）熟悉离散时间信号的相关计算方法。
（4）熟悉离散时间信号卷积运算函数 conv 的应用。

二、实验原理

1. 卷积和的定义

离散序列的卷积定义表达式可以表示为

$$f_1(k)*f_2(k)=\sum_{m=-\infty}^{\infty}f_1(m)f_2(k-m)\quad -\infty<k<\infty$$

因此上式也叫离散序列的卷积和。

2. 卷积和的图形计算法

卷积和的图形计算法可以分为四个步骤：翻转→平移→相乘→叠加（求和）。

3. 卷积和的应用

卷积和是计算系统零状态响应的有力工具。它将输入信号分解为众多的单位脉冲序列之和，利用单位脉冲响应，可以方便地求解 LTI 系统对任意激励的零状态响应。

设一个 LTI 离散的零状态系统，已知系统的单位脉冲响应为 $h[k]$，当系统的激励信号为 $f(k)$ 时，系统的零状态响应为

$$y_{zs}(k)=\sum_{n=-\infty}^{\infty}f_1(n)f_2(k-n)=f(k)*h(k)=h(k)*f(k)$$

由于计算机技术的发展，通过计算机编程的方法来计算卷积积分已经不再是冗繁的计算工作，并可以获得足够的精度，因此，信号的时域卷积分析法在系统分析中得到了广泛的应用。

三、涉及的 MATLAB 函数

conv 函数：

功能：进行两个序列的卷积和。

调用格式：c=conv(a, b)，其中 a 和 b 为待卷积的两序列的向量表示，c 为卷积结果，c 的长度为向量 a 和 b 的长度之和减去 1。

四、实验内容

1. 验证性实验

已知序列 $f_1(k)=[2,2,3,0,4,1]$，$f_2(k)=[1,0,3,-1]$，则计算这两个序列的卷积和的MATLAB源程序如下，请将程序补充完整，并绘制运行结果。

```
clc;clear;
f1=[2,2,3,0,4,1];
k1=0:1:5;
f2=[1,0,3,-1];
k2=0:1:3;
f=____________;        % f1 和 f2 卷积运算
n=length(f)-1;
k=0:1:n;
subplot(3,1,1);
stem(k1,f1,'filled');
title('f1(k)');
grid on;
subplot(3,1,2);
stem(k2,f2,'filled');
title('f2(k)');
grid on;
subplot(3,1,3);
stem(k,f,'filled');
title('f1[k]和 f2[k]的卷积和');
grid on;
```

2. 程序设计实验

已知两个有限长序列 $f(k)=[1,2,1,1,0,-3], k=0,1,2,3,4,5$；$h(k)=[1,-1,1], k=0,1,2$，试编写 MATLAB 程序计算两序列的卷积和。

五、实验要求

（1）简述实验目的及原理，在计算机中输入每个验证实验的源程序，验证实验结果。

（2）自行编制完整的实验程序，完成程序设计实验内容。

（3）简要回答思考题。

（4）独立完成实验报告，列出源程序、程序注释和实验结果，并给出实验结果分析。

六、思考题

用 conv 函数求卷积，只能求有限长序列的卷积，那么如何求无限长序列的卷积？

实验七　离散 LTI 系统的时域分析

预习要求

离散分析方法与连续分析方法的有何不同？

一、实验目的

（1）掌握离散 LTI 系统单位脉冲响应的 MATLAB 计算方法。

（2）掌握离散 LTI 系统单位阶跃响应的 MATLAB 计算方法。

（3）重点掌握离散时间系统的零状态响应的 MATLAB 计算方法。

二、实验原理

1. 离散系统的时域分析

离散时间系统的时域分析与连续时间系统的时域分析方法相同，只是描述系统使用的数学工具不同，可以采取与连续系统对比的方法学习。

LTI 离散时间系统的数学模型为 n 阶常系数差分方程。一般可用下式表示：

$$a_n y(k-n)+a_{n-1}y(k-n+1)+\cdots+a_1 y(k-1)+a_0 y(k)=b_m f(k-m)+\cdots+b_1 f(k-1)+b_0 f(k)$$

其中，n 为差分方程的阶数，$n\geqslant m$，系统的初始条件为 $y(0)$，$y(-1)$，$y(-2)$，…，$y(-n-1)$。

系统的响应一般包括两个部分，即由当前输入所产生的零状态响应 $y_{zs}(k)$ 和由历史输入（初始状态）所产生的零输入响应 $y_{zi}(k)$。已经激励信号和系统的初始状态，可以采用迭代法或直接求解差分方程的经典法得到系统的输出响应，这两种方法不作为时域分析的重点。信号与系统课程中重点研究仅由系统初始状态产生的零输入响应 $y_x[k]$ 和仅由激励信号产生的零状态响应 $y_f[k]$。对于零输入响应，激励信号为零，描述系统的差分方程为齐次方程，求解齐次方程即可得到零输入响应。

2. 单位脉冲响应、单位阶跃响应和零状态响应的求解

系统的单位脉冲响应、单位阶跃响应一般可调用现成的 MATLAB 函数实现。零状态响应的求解是以激励信号的时域分解和系统的时不变特性为前提展开的。单位脉冲信号作用在系统上的零状态响应称为单位脉冲响应。如果已知单位脉冲响应序列作用在系统的响应，利用卷积和即可求得任一系统作用在离散 LTI 系统上的零状态响应。可见系统单位脉冲响应的求解和卷积和的计算是求零状态响应的关键。

设一个 LTI 零状态离散时间系统，已知系统的单位脉冲响应为 $h(k)$，当系统的激励信号为 $f(k)$ 时，系统的零状态响应可表示为

$$y_{zs}(k)=\sum_{n=-\infty}^{\infty} f(n)h(k-n)$$

也可用符号记为

$$y_{zs}(k)=f(k)*h(k)$$

三、涉及的 MATLAB 函数

1. impz 函数

功能：求离散系统的单位脉冲响应。

调用格式：h=impz(b, a, k)，其中 $b=[b_0,b_1,b_2,\cdots,b_M]$、$a=[a_0,a_1,a_2,\cdots,a_N]$ 分别是离散系统对应的差分方程左、右两端的系数向量，k 表示输出序列的取值范围（可缺省），h 是系统的单位脉冲响应（如果没有输出参数，直接调用 impz(b, a, k)，则 MATLAB 将会在当前绘图窗口自动画出系统的单位脉冲响应图形）。

2. stepz 函数

功能：求离散系统的单位阶跃响应。

调用格式：h=stepz(b, a, k)。式中的参数与 impz 函数相同。如果没有输出参数，直接调用 stepz(b, a, k)，则 MATLAB 也将会在当前绘图窗口中自动画出系统的单位阶跃响应图形（注意：在 MATLAB5.X 及之前的版本中，系统没有 stepz 函数，如果要求解离散时间系统的单位阶跃响应，只能调用 filter 函数）。目前实验室中用的一般都是 MATLAB6.0 及以上版本，所以不存在这个问题。

3. filter 函数

功能：对输入数据进行数字滤波。

调用格式：y=filter(b, a, f)，返回向量 a，b 定义的离散系统在输入为 f 时的零状态响应。

四、实验内容

1. 验证性实验（参考程序）

若已知一个 LTI 离散时间系统的差分方程为 $y(k)+5y(k-1)+6y(k-2)=f(k)$，输入信号为 $f(k)=[1,2,1,1,2]$，则求系统的单位冲激响应、单位阶跃响应和零状态响应的 MATLAB 源程序如下。请绘制仿真结果。

```
clc;
clear;
k=0:10;
a=[1 5 6];
b=[1];
f=[1,2,1,1,2];
h=impz(b,a,k);
g=step(b,a,k);
y=conv(f,h);
k1=length(y)-1;
subplot(3,1,1);
stem(k,h,'filled');
grid on;
title('单位脉冲响应');
subplot(3,1,2);
stem(k,g,'filled');
grid on;
title('单位阶跃响应');
subplot(3,1,3);
stem(0:k1,y,'filled');
grid on;
```

```
title('零状态响应');
```

2. 程序设计实验

（1）描述 LTI 离散系统的差分方程如下，请编程并绘出该系统在 0～50 单位时间范围内单位脉冲响应和单位阶跃响应图。

$$3y(k)-4y(k-1)+y(k-2)=f(k)$$

（2）已知离散 LTI 系统，激励 $f(k)=2\varepsilon(k)$，单位脉冲响应为 $h(k)=3^k\varepsilon(k)$，试编写 MATLAB 程序求出该系统的零状态响应并作图（有限区间自行设定）。

五、实验要求

（1）简述实验目的及原理，在计算机中输入每个验证实验的源程序，验证实验结果。

（2）自行编制完整的实验程序，完成程序设计实验内容。

（3）简要回答思考题。

（4）独立完成实验报告，列出源程序、程序注释和实验结果，并给出实验结果分析。

六、思考题

求离散系统的卷积和，除图解法外还有什么方法?有没有更简单的方法?

第三部分 系统的频率域分析

实验八 周期信号的频谱

预习要求

（1）按照示例要求将程序补充完整。

（2）周期信号的傅里叶级数是基于完备的正交函数级进行分解，那么常用的正交完备函数集是什么？

一、实验目的

（1）掌握傅里叶级数、频谱等基本概念。

（2）掌握周期信号频谱的特点。

二、实验原理

（1）周期方波的频谱。

周期方波用函数 square（ω0*t）产生。函数 square（ω0*t，DUTY）产生基本频率为 ω_0（周期 $T=2\pi/\omega_0$）、占空比 $DUTY=\tau/T*100$ 的周期方波，其中 τ 为一个周期中信号为正的时间长度。当 $\tau=T/2$ 时，$DUTY$=50，则 square(ω0*t, 50)效果等同于 square(ω0*t)。fft( )函数对信号进行傅里叶变换。

如产生一个幅度为 1，占空比为 50%的周期方波的 MATLAB 程序如下（请根据提示补全程序），运行结果如图 3.1 所示。

```
clc;
clear;
f0=5;                          %基频为 5Hz
t=0:0.001:1;
ω0=2*pi*f0;
ft=square(ω0*t,_______);       %占空比为 50
yy=fft(ft);                    %傅里叶变换
N=size(ft);
N=N(2);                        %宽度
fy=abs(fft(ft))/N*2;           %得到频谱
subplot(2,1,1)
plot(ft);
subplot(2,1,2)
plot(fy);
```

（2）三角波信号的频谱。

周期性的三角波信号在 MATLAB 中用 sawtooth 函数来表示，其调用形式为 y=sawtooth(t,

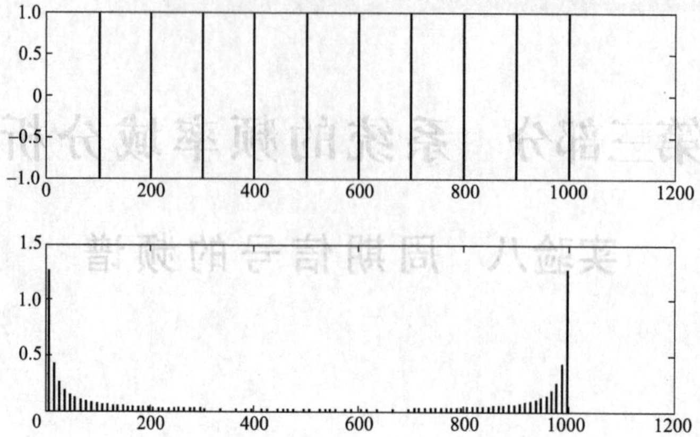

图 3.1 周期方波的频谱

WIDTH)用以产生周期为2π、最大幅度为1、最小幅度为–1 的周期性锯齿波信号，其中的参数 WIDTH 表示最大幅度出现的位置；在一个周期内，信号从 t=0 到 WIDTH* 2π时，函数值是从–1 到 1 线性增加的，而从 WIDTH* 2π到2π时的函数值又是从 1 到–1 线性递减的；在其他周期内依次类推。利用 fft( )函数对信号进行傅里叶变换，同时绘制信号的频谱图。MATLAB 程序如下，请根据提示补全程序。运行结果如图 3.2 所示。

```
clc;
clear;
t=-5*pi:pi/10:5*pi;
x=sawtooth(t,0.0);
plot(t,x);
axis([-16 16 -1.5 1.5]);
grid on
yy=fft(x);                %傅里叶变换
N=size(x);
```

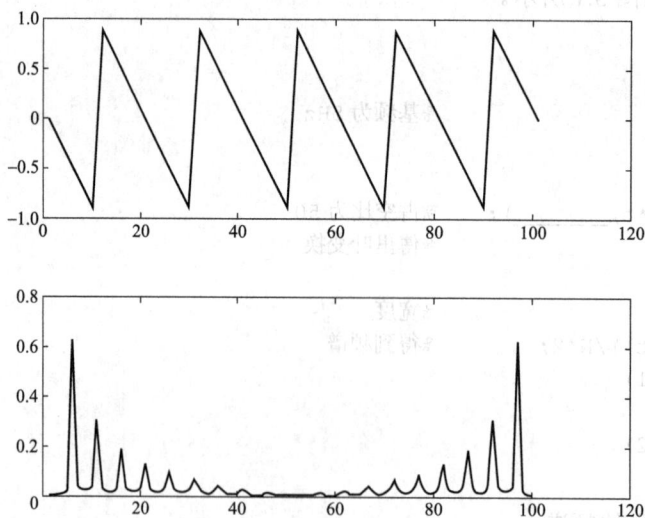

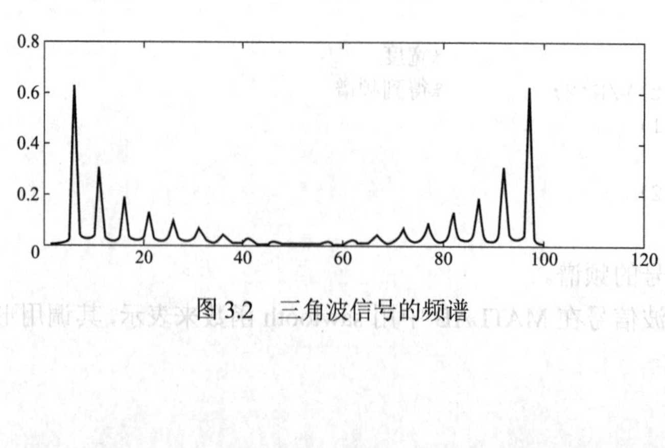

图 3.2 三角波信号的频谱

```
N=N(2);                    %宽度
fy=______;                 %得到频谱(参考上例)
subplot(2,1,1)
plot(x);
subplot(2,1,2);
plot(fy);
```

（3）周期矩形波序列的频谱。

如产生幅度为 1、占空比为 25%的周期方波，并用傅里叶级数求信号的幅度频谱和相位频谱，同时绘制傅里叶级数逆变换的图形，与原信号图形进行比较。MATLAB 程序如下，程序运行结果如图 3.3 所示。

```
clc;
clear;
N=16;
xn=[ones(1,N/4),zeros(1,3*N/4)];
xn=[xn xn xn];
n=0:3*N-1;
k=0:3*N-1;
Xk=xn*exp(-j*2*pi/N).^(n'*k);
x=(Xk*exp(j*2*pi/N).^(n'*k))/(3*3*N);
subplot(2,2,1),stem(n,xn);
title('x(n)');axis([-1,3*N,1.1*min(xn),1.1*max(xn)]);
subplot(2,2,2),stem(n,abs(x));
title('IDFS|X(k)|');axis([-1,3*N,1.1*min(xn),1.1*max(xn)]);
subplot(2,2,3),stem(k,abs(Xk));
title('|X(k)|');axis([-1,3*N,1.1*min(abs(Xk)),1.1*max(abs(Xk))]);
subplot(2,2,4),stem(k,angle(Xk));
title('arg|X(k)|');axis([-1,3*N,1.1*min(angle(Xk)),1.1*max(angle(Xk))]);
```

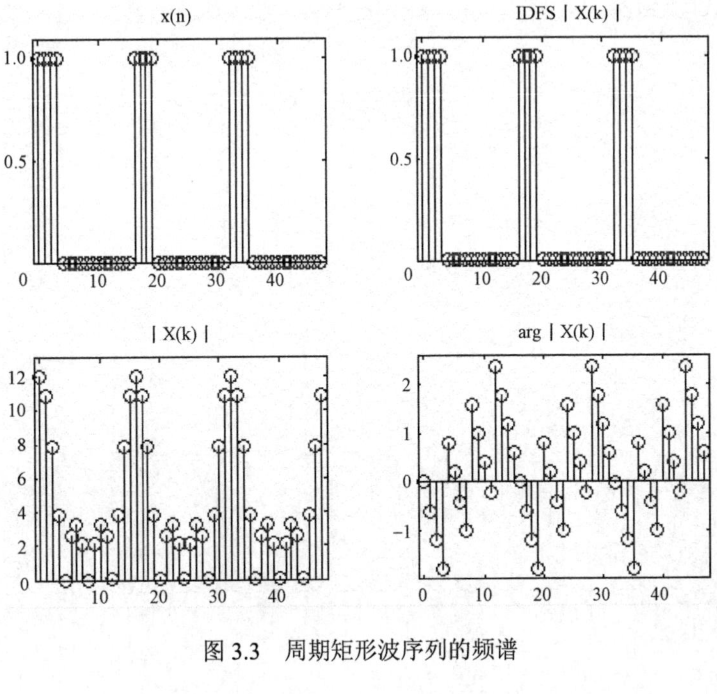

图 3.3 周期矩形波序列的频谱

三、实验内容

（1）将第二部分实验原理中的各个基本信号的源程序输入MATLAB，运行程序进行验证。

（2）改变实验原理部分的占空比，分析占空比对频谱有什么样的影响？改变实验原理中锯齿波中的width参数，观察频谱发生的变化，绘出图形，分析其对频谱的影响。

四、实验要求

（1）简述实验目的及原理，理解并掌握实验方法，独立完成实验内容中各小题的MATLAB编程，并对相应的运行结果进行分析。

（2）简要回答思考题。

（3）独立完成实验报告，列出源程序、程序注释和实验结果，并给出实验结果分析。

五、思考题

（1）周期信号频谱的物理含义是什么？

（2）周期信号频谱有何特点？其谱线间隔与什么有关？

（3）什么是频谱？在MATLAB中，如何绘制信号的频谱？

（4）对于连续信号和离散信号频谱的求法相同吗？为什么？

实验九 非周期信号的频谱

预习要求

（1）按照示例要求将程序补充完整。
（2）什么是系统的频率特性？
（3）什么是变换域？
（4）为什么要采用傅里叶变换？

一、实验目的

（1）掌握连续时间信号傅里叶变换和傅里叶逆变换的实现方法，以及傅里叶变换的时移特性、傅里叶变换的频移特性的实现方法。

（2）了解傅里叶变换的特点及其应用。

（3）掌握函数 fourier 和函数 ifourier 的调用格式及作用。

（4）掌握傅里叶变换的数值计算方法，以及绘制信号频谱图的方法。

二、实验原理

1. 系统的频率特性

连续 LTI 系统的频率特性又称为频率响应特性，是指系统在正弦信号激励下稳态响应随激励信号频率的变化而变化的情况，又称系统函数 $H(\omega)$。其系统函数 $H(\omega)$ 定义为

$$H(\omega)=\frac{Y(\omega)}{F(\omega)}$$

式中：$F(\omega)$ 为系统激励信号的傅里叶变换，$Y(\omega)$ 为系统在零状态条件下输出响应信号的傅里叶变换。系统函数 $H(\omega)$ 反映了系统内在的固有特性，它取决于系统自身的结构及组成系统元器件的参数，与外部激励无关，是描述系统特性的一个重要参数。$H(\omega)$ 是 ω 的复函数，可以表示为

$$H(\omega)=|H(\omega)|\mathrm{e}^{\mathrm{j}\phi(\omega)}$$

其中，$|H(\omega)|$ 随 ω 变化的规律称为系统的幅频特性；$\phi(\omega)$ 随 ω 变化的规律称为系统的相频特性。

频率特性不仅可用函数表达式表示，还可用频率 f(或ω) 变化的曲线来描述。

2. 连续时间信号傅里叶变换的数值计算方法

算法理论依据：

任一周期性连续时间信号如果满足狄里赫利条件，则可通过傅里叶级数求得其频谱，即

$$F(n\omega_1)=\int_{-\frac{T_1}{2}}^{\frac{T_1}{2}} f(t)\mathrm{e}^{-jn\omega_1 t}\mathrm{d}t$$

其逆变换表达式为

$$f(t)=\sum_{n=-\infty}^{\infty}F(n\omega_1)\mathrm{e}^{jn\omega_1 t}$$

而非周期信号不能直接由傅里叶级数表示，但可以借助傅里叶分析方法导出非周期信号的傅里叶变换。

一个非周期连续时间信号，其频谱可由傅里叶变换得

$$F(\omega)=\int_{-\infty}^{\infty} f(t)\mathrm{e}^{-\mathrm{j}\omega t}\mathrm{d}t$$

其逆变换表达式为

$$f(t)=\frac{1}{2\pi}\int_{-\infty}^{\infty} F(\omega)\mathrm{e}^{\mathrm{j}\omega t}\mathrm{d}\omega$$

对连续信号进行处理时，首先要将其离散化，才能利用 MATLAB 进行频谱分析。处理时一般把周期信号的一个周期作为窗口的显示内容，对非周期信号则将信号的非零部分作为窗口显示的内容，然后将窗口长度根据需要分成 N 份。

三、涉及的 MATLAB 函数

1. fourier 函数

功能：实现信号 $f(t)$ 的傅里叶变换。

调用格式：

F=fourier 是符号函数 f 的傅里叶变换，默认返回函数 F 是关于 ω 的函数。

F=fourier(f, v)是符号函数 f 的傅里叶变换，返回函数 F 是关于 v 的函数。

F=fourier(f, u, v)是关于 u 的函数 f 的傅里叶变换，返回函数 F 是关于 v 的函数。

2. ifourier 函数

功能：实现信号 $F(\mathrm{j}\omega)$ 的傅里叶逆变换。

调用格式：

f=ifourier(F)是函数 F 的傅里叶变换，默认的独立变量为 ω，默认返回是关于 x 的函数。

f=ifourier(F, u)返回函数 f 是 u 的函数，可不是默认的 x 的函数。

f=ifourier(F, v, u)是对关于 v 的函数 F 进行傅里叶逆变换，返回关于 u 的函数 f。

四、实验内容

1. 验证性实验（参考程序）

编程实现信号的傅里叶变换和傅里叶逆变换。

（1）傅里叶变换。

【例 3.1】 已知连续时间信号 $f(t)=\mathrm{e}^{-2|t|}$，通过程序完成信号 $f(t)$ 的傅里叶变换，请将下面程序补充完整并绘制仿真波形。

```
clc;
clear;
syms t;
f=fourier(___________);          % e^{-2|t|} 做傅里叶变换。
ezplot(f)
```

仿真波形如图 3.4 所示。

【例 3.2】 试绘制信号 $f(t)=\dfrac{2}{3}\mathrm{e}^{-3t}\varepsilon(t)$ 的波形及其幅频特性曲线。

MATLAB 程序如下：

```
clc;
clear;
syms t v w f;
f=2/3*exp(-3*t)*sym('heaviside(t)');
F=fourier(f);
```

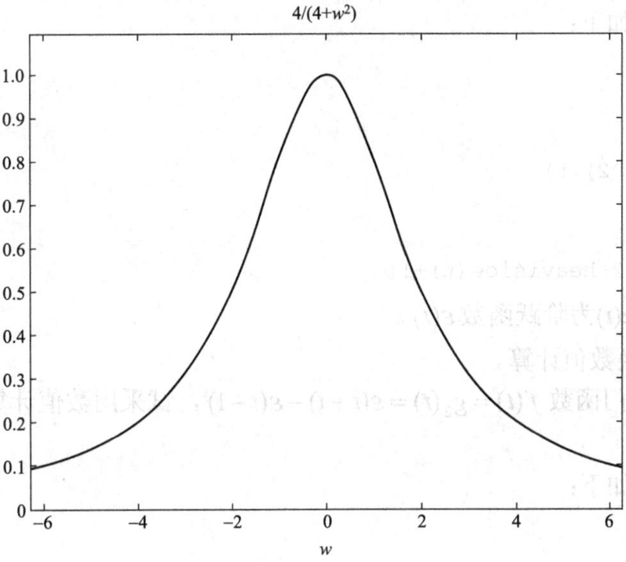

图 3.4　傅里叶变换波形

```
subplot(2,1,1);
ezplot(f)
subplot(2,1,2);
ezplot(abs(F))
```

信号 $f(t)=\dfrac{2}{3}\mathrm{e}^{-3t}\varepsilon(t)$ 的波形及其幅频特性如图 3.5 所示。

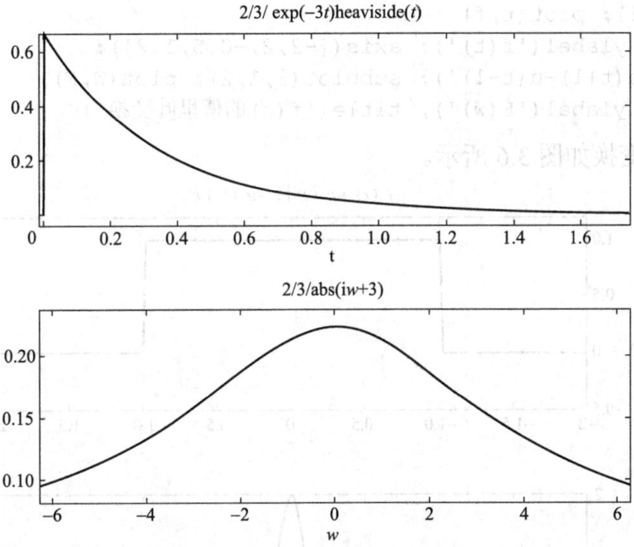

图 3.5　*f*(*t*)波形及其幅频特性

（2）傅里叶逆变换。

【例 3.3】 已知 $f(\mathrm{j}\omega)=\dfrac{1}{1+\omega^2}$，求信号 $F(\mathrm{j}\omega)$ 的逆傅里叶变换。

MATLAB 程序如下：

```
clc;
clear;
syms t w;
ifourier(1/(w^2),t)
```

结果如下：

```
ans= 1/2*t*(-2*heaviside(t)+1)
```

其中，heaviside(t)为阶跃函数$\varepsilon(t)$。

（3）傅里叶变换数值计算。

【例 3.4】 已知门函数 $f(t)=g_2(t)=\varepsilon(t+1)-\varepsilon(t-1)$，试采用数值计算方法确定信号的傅里叶变换$F(\mathrm{j}\omega)$。

MATLAB 程序如下：

```
clc;
clear;
R=0.02; t=-2:R:2;
f=stepfun(t,-1)-stepfun(t,1);
W1=2*pi*5;                %频率宽度
N=500;                    %采样数为 N
k=0:N;
W=k*W1/N;                 %W 为频率正半轴的采样点
F=f*exp(-j*t'*W)*R;       %求 F(jw)
F=real(F); W=[-fliplr(W),W(2:501)];
F=[fliplr(F),F(2:501)];
subplot(2,1,1); plot(t,f)
xlabel('t'); ylabel('f(t)'); axis([-2,2,-0.5,1.2]);
title('f(t)=u(t+1)-u(t-1)'); subplot(2,1,2); plot(W,F);
xlabel('w'); ylabel('F(w)'); title('f(t)的傅里叶变换')
```

信号的傅里叶变换如图 3.6 所示。

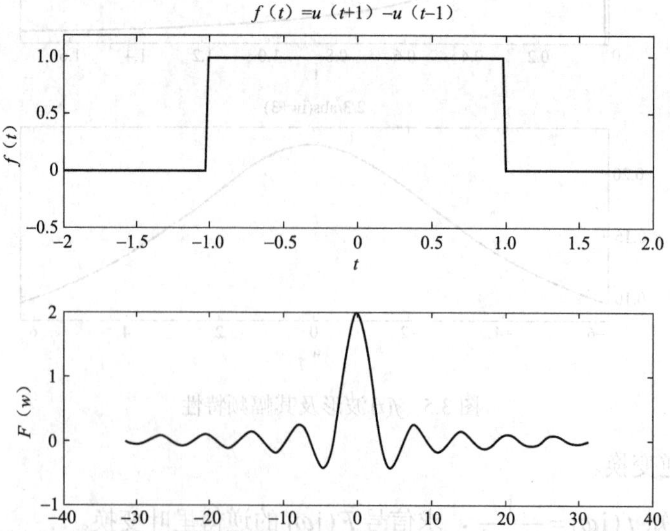

图 3.6 $f(t)$ 傅里叶变换

从离散傅里叶变换定义式可以看出，有限长序列在时域上是离散的，在频域上也是离散的。变换式中，仅在单位圆上N个等间距的点上取值，这为使用计算机进行处理带来了方便。

由有限长序列的傅里叶变换和逆变换定义可知，DFT和DFS的公式非常相似，因此在程序编写上也基本一致。

【例 3.5】 已知$x(n)=[0,1,2,3,4,5,6,7]$，求$x(n)$的DFT和IDFT。

（1）画出序列傅里叶变换对应的$|X(k)|$和$\arg[X(k)]$图形；

（2）画出原信号与傅里叶逆变换$IDFT[X(k)]$图形进行比较。

MATLAB 程序如下，仿真结果如图 3.7 所示。

```
clc;
clear;
xn = [0 1 2 3 4 5 6 7];
N = length(xn);
n = 0:N-1;
k = 0:N-1;
Xk = xn*exp(-j*2*pi/N).^(n'*k);
x = (Xk*exp(j*2*pi/N).^(n'*k))/N;
figure,subplot(2,2,1),stem(n,xn);
title('x(n)');
subplot(2,2,2),stem(n,abs(x));
title('IDFT|X(k)|');
subplot(2,2,3),stem(k,abs(Xk));
title('|X(k)|');
subplot(2,2,4),stem(k,angle(Xk));
title('arg|X(k)|');
axis([0,N,1.1*min(angle(Xk)),1.1*max(angle(Xk))])
```

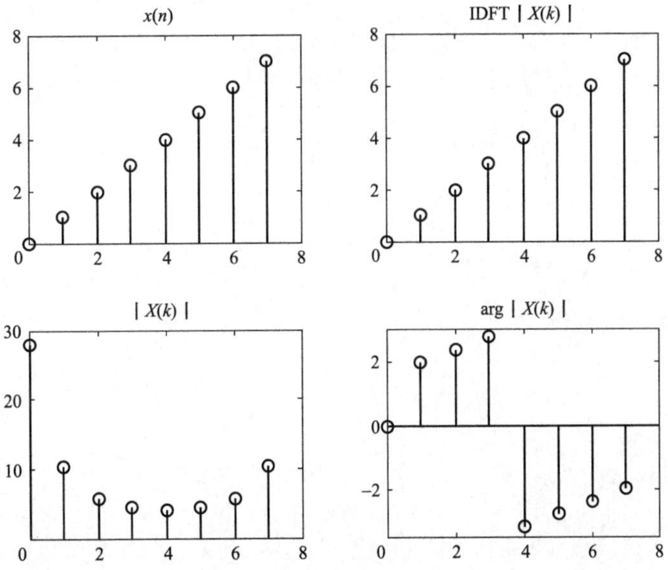

图 3.7 $x(n)$的 DFT 和 IDFT

从得到的结果可见，与周期序列不同的是，有限长序列本身是仅有N点的离散序列，相当于周期序列的主值部分。因此，其频谱也对应序列的主值部分，是含N点的离散序列。

2. 程序设计实验

（1）试确定下列信号的傅里叶变换，并将结果用图形的方式显示出来。

（a）$f(t)=\varepsilon(t+1)-\varepsilon(t-1)$　　（b）$f(t)=\mathrm{e}^{-3t}\varepsilon(t)$

（c）$f(t)=\mathrm{e}^{-t}\varepsilon(t)$　　（d）$X_n=[1\ \ 1\ \ 1\ \ 0\ \ 0\ \ 0\ \ 0]$

（2）试画出信号 $f(t)=\mathrm{e}^{-2t}\varepsilon(t)$，$f(t-3)$ 以及信号 $f(t)=\mathrm{e}^{-4t}$ 的频谱图。

五、实验要求

（1）简述实验目的及原理，在计算机中输入每个验证实验的源程序，验证实验结果。

（2）自行编制完整的实验程序，完成程序设计实验内容。

（3）简要回答思考题。

（4）独立完成实验报告，列出源程序、程序注释和实验结果，并给出实验结果分析。

六、思考题

（1）非周期信号频谱密度函数的物理含义是什么？

（2）周期信号频谱与非周期信号频谱密度函数的区别与联系是什么？

（3）信号的时域特性与其频域特有何对应关系？

（4）Fourier 变换的条件是什么？如何理解该条件？

实验十　信号的时域采样与恢复

预习要求

（1）初步掌握采样定理。

（2）了解什么是频谱混叠。

一、实验目的

（1）验证时间域抽样定理。

（2）熟悉时域的抽样与恢复过程。

（3）通过实验观察欠采样时信号频谱的混叠现象。

（4）掌握采样前后信号频谱的变化，加深对采样定理的理解。

（5）掌握采样频率的确定方法。

二、实验原理

时域采样定理：一个有限频宽的连续时间信号 $f(t)$，其最高频率为 $\omega_{\rm m}$，经过等间隔抽样后，只要抽样频率 $\omega_{\rm s}$ 不小于信号最高频率 $\omega_{\rm m}$ 的两倍，即满足 $\omega_{\rm s}\geqslant 2\omega_{\rm m}$，就能从抽样信号 $f_{\rm s}(t)$ 中恢复原信号，得到 $f_{\rm o}(t)$。$f_{\rm o}(t)$ 与 $f(t)$ 相比没有失真，只有幅度和相位的差异。一般把最低的抽样频率 $\omega_{\rm s\min}=2\omega_{\rm m}$ 称为奈奎斯特抽样频率。当 $\omega_{\rm s}<2\omega_{\rm m}$ 时，$f_{\rm s}(t)$ 的频谱将产生混叠现象，此时将无法恢复原信号。

$f(t)$ 的幅度频谱为 $|F(\omega)|$。开关信号 $s(t)$为周期矩形脉冲，其脉冲宽 τ 相对于周期 $T_{\rm s}$ 非常小，故将其视为冲激序列，所以 $s(t)$的幅度频谱 $|S(\omega)|$ 亦为冲激序列；抽样信号 $f_{\rm s}(t)$ 的幅度频谱为 $|F_{\rm s}(\omega)|$。$f_{\rm o}(t)$ 的幅度频谱为 $|F_{\rm o}(\omega)|$。

观察抽样信号的频谱 $|F_{\rm s}(\omega)|$，可以发现，利用低通滤波器（其截止频率满足 $W_{\rm m}<W_{\rm c}<W_{\rm s}-W_{\rm m}$）就能恢复原信号。抽样定理框图如图 3.8 所示。

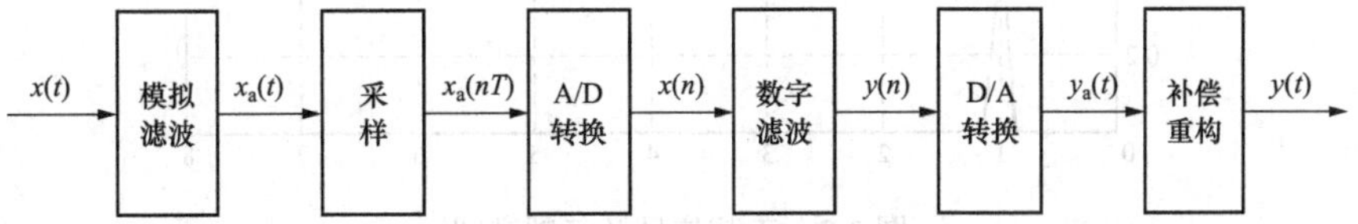

图 3.8　抽样定理

通过原理框图可以看出，A/D 转换环节实现抽样、量化、编码的过程；数字信号处理环节对得到的数字信号进行必要的处理；D/A 转换环节实现数/模转换，得到连续时间信号；低通滤波器的作用是滤波器截止频率以外的信号，恢复与源信号相比无失真的信号 $f_{\rm o}(t)$。

三、实验内容

1. 验证性实验

（1）正弦信号及其频谱的绘制。

MATLAB 程序如下：

```
clc； clear； close all；
fs=16；
N=128；          %采样频率和采样点数
f0=1；
t=0： 1/fs： (N-1)/fs；
y=sin(2*pi*f0*t)；
Fw=fft(y，N)；                    %对信号进行傅里叶变换
y2=abs(Fw)/N；                    %求得傅里叶变换后的振幅
f=0： fs/N： fs-fs/N；            %频率序列
figure
subplot(2，1，1)
plot(t，y)；                      %绘出正弦信号频谱图
xlim(［0，t(N)］)；
title('波形图')；
subplot(2，1，2)
plot(f，y2)；                     %绘出频谱图
xlim(［0，fs/2］)；
title('频谱图')；
grid on；
```

正弦信号波形及其频谱如图 3.9 所示。请改变采样频率和采样点数，并将上述例程中的 plot 改为 stem，绘制得到的波形图和频谱图。

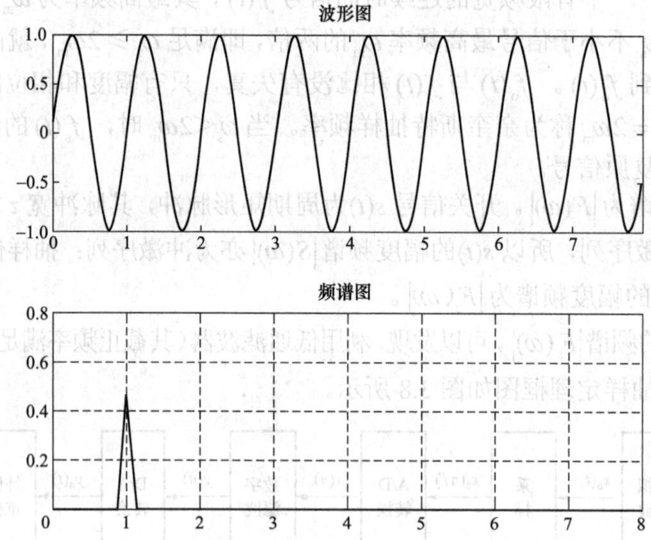

图 3.9 正弦信号及其频谱图

（2）信号的采样。

分别对产生的连续信号做 8 点、16 点、32 点、64 点和 128 点的等间隔采样，并对采样后的序列信号做 FFT 频谱分析，参考程序如下，请输入 N 值，并绘制其仿真结果。

```
clc;
clear;close;
n1=input('采样点数 n:')
n=0:n1-1;
zb=size(n);
```

```
figure(2)
sinf=sin(4*pi*n/zb(2));
subplot(211);
stem(n,sinf,'.');
w=0:(pi/100):8*pi;
title('32 点采样 ');
subplot(212)
plot(w,fft1(w,sinf,n));title('FFT 频谱');
```

备注：上述程序中需调用函数 fft1，该函数为 FFT 变换的函数，其定义程序如下。调用时，需首先将下面的程序保存为 fft1.m 文件，并存放在默认路径下（若保存至任意位置，需在该程序存放路径下运行 MATLAB）。

```
function result=fft1(w,hanshu,n)
a=cell(1,length(w));
for i=1:length(w);
        m=hanshu.*((exp(-j*(i-1)*pi/100)).^n);
        a{i}=sum(m);
end
for i=1:length(w)
result(i)=a{i};
end
```

2. 设计性实验

（1）模拟低通滤波器设计。

MTALAB 程序如下：

```
clc;
clear;
clf;
Fp=3500,Fs=4500;
Wp=2*pi*Fp;Ws=2*pi*Fs;
[N,Wn]=buttord(Wp,Ws,0.5,30,'s');
[b,a]=butter(N,Wn,'s');
wa=0:(3*Ws)/511:3*Ws;
h=freqs(b,a,wa);
plot(wa/(2*pi),20*log10(abs(h)));grid
xlabel('Frequency,Hz');ylabel('Gain,dB');
title('Gain,response');
axis([0 3*Fs -60 5]);
```

模拟低通滤波器的设计结果如图 3.10 所示。

（2）信号的恢复。采用上述低通滤波器，分别对 N=8，16，32，64，128 点的采样信号进行恢复，其参考程序如下，请绘制仿真结果。

```
clc;
clear;
[B,A]=butter(8,350/500);
y=filter(B,A,sinf);
figure(4);subplot(211);plot(y);
xlabel('t');ylabel('x(t)');
title('连续信号');
```

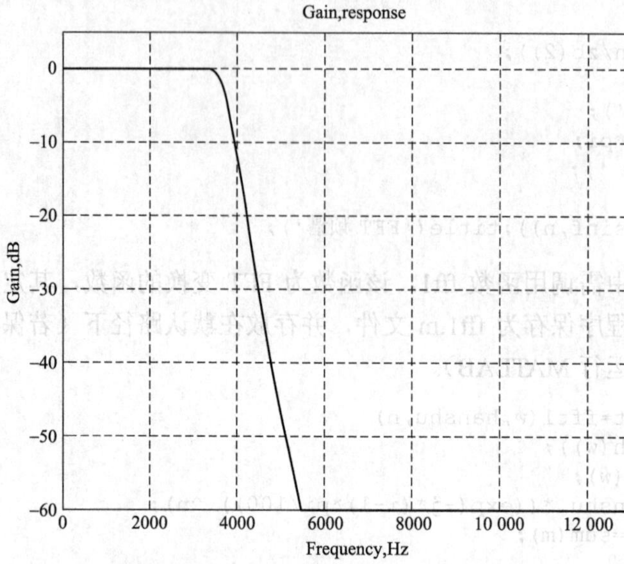

图 3.10 模拟低通滤波器仿真图

```
grid;
Y=fft(y,512);w=(0:255)/256*500;
subplot(212);plot(w,abs([Y(1:256)]));
xlabel('Hz');ylabel('频率响应(幅度)');
title('频谱图');
grid
```

四、实验要求

（1）简述实验目的及原理，按实验步骤完成实验内容，附上相应的信号波形和频谱曲线。

（2）说明采样频率变化对信号时域和频域特性的影响，总结实验得出的主要结论。

（3）简要回答思考题。

（4）独立完成实验报告，列出源程序、程序注释和实验结果，并给出实验结果分析。

五、思考题

（1）若信号频率为 5000Hz，请问本实验中的模拟信号采样后的混迭频率是多少赫兹？分析一 200Hz 的方波信号，采样频率为 500Hz，用谱分析功能观察其频谱中的混叠现象，思考问什么会产生混叠。

（2）在时域抽样定理中，为什么要求被抽样信号必须是带限信号？如果频带是无限的，应如何处理？

实验十一　采样系统的仿真实现

预习要求

了解 Simlink 中常用的信号处理工具包。

一、实验目的

（1）验证时间域抽样定理。

（2）熟悉时域的抽样与恢复过程。

（3）掌握采样前后信号的变化，加深对采样定理的理解。

（4）学会使用 MATLAB 中的 Simulink 仿真环境。

（5）在掌握采样及恢复系统构成的基础上，设计仿真系统。

二、实验原理

SIMULINK 的简介：

Simulink 是 MATLAB 最重要的组件之一，它提供一个动态系统建模、仿真和综合分析的集成环境。在该环境中，无需大量书写程序，而只需要通过简单直观的鼠标操作，就可构造出复杂的系统。Simulink 具有适应面广、结构和流程清晰及仿真精细、贴近实际、效率高、灵活等优点，并基于以上优点 Simulink 已被广泛应用于控制理论和数字信号处理的复杂仿真和设计。同时有大量的第三方软件和硬件可应用于或被要求应用于 Simulink。

功能：

Simulink 是 MATLAB 中的一种可视化仿真工具，是一种基于 MATLAB 的框图设计环境，是实现动态系统建模、仿真和分析的一个软件包，被广泛应用于线性系统、非线性系统、数字控制及数字信号处理的建模和仿真中。Simulink 可以用连续采样时间、离散采样时间或两种混合的采样时间进行建模，它也支持多速率系统，也就是系统中的不同部分具有不同的采样速率。为了创建动态系统模型，Simulink 提供了一个建立模型方块图的图形用户接口（GUI），这个创建过程只需单击和拖动鼠标操作就能完成，它提供了一种更快捷、直接明了的方式，而且用户可以立即看到系统的仿真结果。Simulink 是用于动态系统和嵌入式系统的多领域仿真和基于模型的设计工具。对各种时变系统，包括通信、控制、信号处理、视频处理和图像处理系统，Simulink 提供了交互式图形化环境和可定制模块库来对其进行设计、仿真、执行和测试。构架在 Simulink 基础之上的其他产品扩展了 Simulink 多领域建模功能，也提供了用于设计、执行、验证和确认任务的相应工具。Simulink 与 MATLAB 紧密集成，可以直接访问 MATLAB 大量的工具来进行算法研发、仿真的分析和可视化、批处理脚本的创建、建模环境的定制以及信号参数和测试数据的定义。

三、实验内容

利用 MATLAB 中的 Simulink 工具箱进行实验仿真，内容及要求如下。

（1）系统模型编辑窗口。打开 Simulink 主界面，新建一个文件，拉出各个模块，组成如图 3.11 所示。

（2）修改模块参数，完成模块连接，根据采样理论完成系统的仿真模型。

（3）仿真模块的运行。

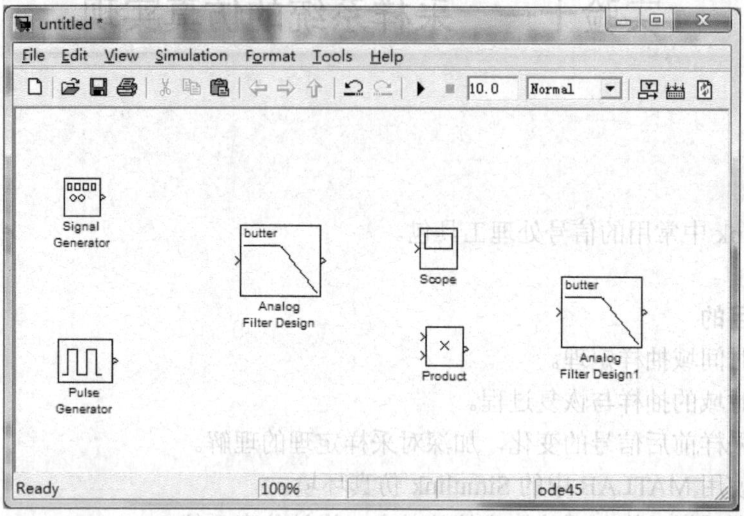

图 3.11 系统模型编辑窗口

（4）设定信号源为正弦信号 $f(t)=5\sin(10\pi t)$，根据激励信号设定其他模块的参数，运行仿真模块。观察在满足采样定理，以及不满足采样定理条件下的采样信号、恢复信号的差异，分析其原因。

（5）设定信号源为方波信号，由此设定其他模块的参数，运行仿真模块。观察不同采样频率下，恢复信号的不同，分析其原因。

（6）设定信号源为三角波信号，由此设定其他模块的参数，运行仿真模块。观察不同采样频率下，恢复信号的不同，分析其原因。

四、实验要求

（1）简述实验目的及原理，按照实验内容使用 Simulink 仿真环境设计仿真系统。

（2）实验报告要求附完整的系统仿真模型并分析各模块主要参数设置原因。

（3）简要回答思考题。

五、思考题

（1）实验中，信号源选用了三种不同的信号，这三种信号源通过采样系统时，恢复信号有什么不同？在满足采样定理前提下，改变采样频率，对实验结果有什么影响？

（2）你在实验过程中发现了什么问题，试用你已掌握的理论基础对其作出分析、讨论。

第四部分 系统的复频域分析

实验十二 连续系统的S域分析

预习要求

（1）按照示例要求将程序补充完整，绘制要求的图形。

（2）MATLAB 中求系统函数 $H(s)$ 的零极点的函数有哪些？具体格式如何设置？

（3）系统的幅频特性和相频特性描述了系统的哪些特征？

（4）MATLAB 中求系统函数 $H(s)$ 的幅频特性和相频特性的函数及格式是什么？

一、实验目的

（1）利用系统函数分析系统的稳定性、幅频特性及相频特性。

（2）深刻理解系统函数的零极点分布与系统稳定性的关系。

（3）理解系统幅频特性及相频特性的分析原理，掌握系统特性分析的实现方法。

二、实验原理

1. 系统的零极点分布及稳定性判断

系统的稳定性由极点在 s 平面上的分布决定，而零点不影响稳定性。

若极点分布在 s 左半平面，系统是稳定的。极点在虚轴上有单极点，系统是临界稳定。极点在 s 右半平面或在虚轴上有重极点，系统不稳定。

MATLAB 提供了两种求零极点的方法。

（1）基本法。

roots 函数：

功能：求方程的根，可利用此函数来求系统函数的零点和极点。

格式：p=roots(A)，A 为方程的系数构成的行向量，返回向量 p 则是包含该多项式所有根的列向量。

【例 4.1】 已知系统函数 $H(s)$ 为

$$H(s)=\frac{s-1}{s^2+2s+2}$$

利用 MATLAB 求出该系统的零极点，画出零极点分布图并判断系统的稳定性（请填空）。

绘制连续系统零极点图程序如下所示，仿真结果如图 4.1 所示。

```
%A:系统函数分母多项式系数向量(降幂排列)
%B:系统函数分子多项式系数向量(降幂排列)
clc;clear;close all;
B=[1-1];
A=[1 2 2];
```

```
p=roots(A);
q=roots(B);
p=p';                                          %将极点列向量转置为行向量
q=q';                                          %将零点列向量转置为行向量
x=max(abs([p q]));                             %确定纵坐标范围
x=x+0.1;
y=x;                                           %确定横坐标范围
clf
hold on
axis([-x x -y y]);                             %确定坐标轴显示范围
axis('square')
plot([-x x],[0 0])                             %画横坐标轴
plot([0 0],[-y y])                             %画纵坐标轴
plot(real(p),imag(p),'x')                      %画极点
plot(real(q),imag(q),'o')                      %画零点
title('系统的零极点图')                          %标注标题
text(0.2,x-0.2,'虚轴')
text(y-0.2,0.2,'实轴')
%w=0:pi/300:2*pi;
%t=exp(i*w);
%plot(t)                                       %画单位圆
%axis('square')
for i = 1:length(p)
    a(i)= sum(p== p(i));
    if a(i)~=1
    text(p(i),'a(i)');                         %标注极点的重数
    end
end
for j = 1:length(q)
    b(j)= sum(q== q(j));
    if b(j)~=1
    text(real(q(j)),imag(q(j))+0.1,num2str(b(j)));  %标注零点的重数
    end
end
```

由以上信息可知，系统的零点为__________；极点为__________，在__________平面，所以系统稳定。

（2）直接法。

pzmap 函数

功能：得到系统函数 $H(s)$ 的零极点分布图。

格式：sys=tf（B，A）；pzmap（sys）； 其中 B 和 A 分别表示 $H(s)$ 的分子和分母多项式的系数向量（降幂排列），sys 表示系统函数。

［例 4.1］中，$B=[1,-1]$；$A=[1,2,2]$，用 pzmap 函数重做［例 4.1］。请给出系统的零极点图，参考程序如下。

```
clc;clear;close all;
B=[1 -1];
A=[1 2 2];
sys=tf(B,A);pzmap(sys);
```

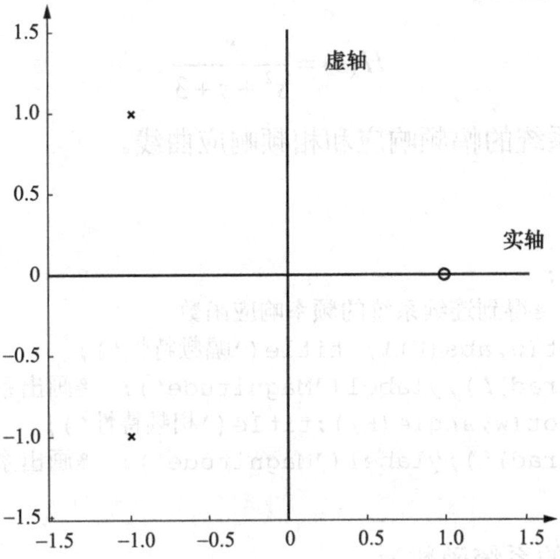

图 4.1　基本法得到的系统零极点分布图

2. 系统的幅频特性和相频特性

对于连续系统，若其系统函数 $H(s)$ 的极点均在左半开平面，那么它在虚轴上也收敛，则系统的频率响应存在且为

$$H(\mathrm{j}\omega)=H(s)\big|_{s=\mathrm{j}\omega}$$

系统函数 $H(\mathrm{j}\omega)$ 反映了连续系统内在的固有特性，它取决于系统自身的结构及组成系统元器件的参数，与外部激励无关，是描述系统特性的一个重要参数。$H(\mathrm{j}\omega)$ 是 ω 的复函数，可以表示为

$$H(\mathrm{j}\omega)=|H(\mathrm{j}\omega)|\mathrm{e}^{\mathrm{j}\varphi(\omega)}$$

其中，$|H(\mathrm{j}\omega)|$ 随 ω 变化的规律称为系统的幅频特性；$\varphi(\omega)$ 随 ω 变化的规律称为系统的相频特性。

MATLAB 提供了 freqs 函数用于分析连续系统的幅频特性和相频特性。

freqs 函数：

功能：由系统函数或微分方程得到连续系统的频率响应特性。

格式：

（1）h=freqs（B，A，w），该调用格式中 B 和 A 分别表示 H（S）的分子和分母多项式的系数向量（降幂排列），w 为形如 w1：p：w2 的冒号运算定义的系统频率响应的频率范围，w1 为频率起始值，w2 为频率终止值，p 为频率取样间隔。向量 h 为返回在向量 w 所定义的频率点上，系统频率响应的样值。

（2）[h，w] =freqs（B，A），该调用格式将计算默认频率范围内 200 个频率点的系统频率响应的样值，并赋值给返回变量 h，200 个频率点记录在 w 中。

（3）[h，w] =freqs（B，A，n）该调用格式将计算默认频率范围内 n 个频率点上系统频率响应的样值，并赋值给返回变量 h，n 个频率点记录在 w 中。

（4）freqs（B，A）该格式并不返回系统频率响应的样值，而是以对数坐标的方式绘出系统的幅频响应和相频响应曲线。

【例 4.2】 已知系统函数为

$$H(s)=\frac{s}{s^2+s+3}$$

利用 MATLAB 画出系统的幅频响应和相频响应曲线。

```
clc;
clear;
B=[1,0]; A=[1,1,3];
[H,w]=freqs(B,A);  %得到连续系统的频率响应函数
subplot(1,2,1),plot(w,abs(H)); title('幅频特性');
xlabel('Frequence(rad)');ylabel('Magnitude');  %画出系统的幅频特性曲线
subplot (1,2,2),plot(w,angle(H));title('相频特性');
xlabel('Frequence(rad)');ylabel('Magnitude');  %画出系统的相频特性曲线
```

三、实验内容

（1）已知某连续系统的系统函数为

$$H(s)=\frac{2s^2+3s+1}{s^3+2s^2+2s+1}$$

1）计算该系统的零极点，并画出零极点分布图。

2）分析系统是否稳定，若稳定，画出系统的幅频特性和相频特性曲线。

3）详细列出根据零极点分析系统特性过程。

（2）构造一个二阶带通系统函数，画出其零极点分布图及系统的幅频特性和相频特性曲线，试改变零极点分布使其满足通频带 5～10kHz，并分析系统特性与零极点分布的关系。

（3）试构造一个二阶全通系统函数，画出其零极点分布图及系统的幅频特性和相频特性曲线，并分析系统特性与零极点分布的关系。

（4）试构造一个二阶最小相移系统函数，改变其零极点分布，分析系统特性随零极点变化的规律，并得出最小相移系统的零极点分布特点。

四、实验要求

（1）简述目的以及实验原理。

（2）按实验内容附上实验过程中各执行结果，并对所得结果进行对比分析。

（3）试给实验内容 1～4 中的零极点分布图加上坐标轴。

（4）分析并得出系统的零极点分布对系统特性的影响。

（5）简要回答思考题。

（6）独立完成实验报告，列出源程序、程序注释和实验结果，并给出实验结果分析。

五、思考题

（1）仔细观察［例 4.2］的运行结果，分析该系统的滤波特性。

（2）分析实验内容（3）和（4）的实验结果，试得出这两种系统的物理构造方法。

实验十三　离散系统的 Z 域分析

预习要求

（1）按照示例要求将程序补充完整。

（2）MATLAB 中求函数 Z 变换和逆 Z 变换的函数是哪些？如何设置？

（3）MATLAB 中求离散系统函数 $H(z)$ 的零极点的函数有哪些？具体格式如何设置？

（4）MATLAB 中求系统函数 $H(z)$ 的幅频特性和相频特性的函数及格式是什么？

一、实验目的

（1）理解并掌握离散时间信号 Z 变换和逆 Z 变换的实验方法及编程思想，理解并掌握系统频率响应函数幅频特性相频特性和系统函数的零极点图的绘制方法。

（2）熟练掌握函数 ztrans、iztrans、zplane、dimpulse、dstep 和 freqz 的调用格式及作用。

（3）理解利用零极点图判断系统稳定性的原理。

二、实验原理

离散系统的分析方法可分为时域解法和变换域解法两大类。其中离散系统变化与解法只有一种，即 Z 变换域解法。Z 变换域没有物理性质，它只是一种数学手段，之所以在离散系统的分析中引入 Z 变换的概念，就是要像在连续系统分析时引入拉氏变换一样，简化分析方法和过程，为系统的分析研究提供一条新的途径。Z 域分析法是把复指数信号 $e^{-j\Omega k}$ 扩展为复指数信号 z^k 或 $z=re^{j\Omega}$，并以 z^k 为基本信号，把输入信号分解为基本信号与 z^k 之和，则响应为基本信号 z^k 的响应之和。这种方法的数学描述为 Z 变换及其逆变换。

1. Z 正反变换

序列 $f(k)$ 的双边 Z 变换定义为

$$F(z)=Z[f(k)]=\sum_{k=-\infty}^{\infty} f(k)z^{-k}$$

序列 $f(k)$ 的单边 Z 变换定义为

$$F(z)=Z[f(k)]=\sum_{k=0}^{\infty} f(k)z^{-k}$$

MATLAB 符号数学工具箱提供了计算离散时间信号的单边 Z 变换的函数 ztrans 和 Z 反变换函数 iztrans。

（1）函数 ztrans。

功能：实现信号 $f(k)$ 的（单边）Z 变换。

格式：Z=ztrans（f），f 时域表达式的符号表示，可以通过 sym 函数来定义。

【例 4.3】 试用 ztrans 函数求函数 $f(k)=a^k\cos(k\pi)\varepsilon(k)$ 的 Z 变换。请填写运行结果。

```
f=sym('a^k*cos(pi*k)');
z=ztrans(f);
simplify(z)
```

____

（2）函数 iztrans。

功能：实现信号 F（z）的逆 Z 变换。

格式：f=iztrans（F），F 为 Z 域表达式的符号表示，也可以通过 sym 函数来定义。

【例 4.4】 试用 iztrans 函数求函数 $F(z)=\dfrac{z(2z^2-11z+12)}{(z-1)(z-2)^3}$ 的变换。请填写运行结果。

```
Z=sym('z*(2*z^2-11*z+12)/((z-1)*(z-2)^3)');
f=iztrans(Z);
simplify(f)
```

____

2. 离散系统的零极点分布及稳定性判断

系统的稳定性由极点在 z 平面上的分布决定，而零点不影响稳定性。

若极点分布在 z 的单位圆内，系统是稳定的。极点在单位圆上有单极点，系统是临界稳定。极点在 z 的单位圆外或在单位圆上有重极点，系统不稳定。

MATLAB 中有两个函数可以直接画出离散系统的零极点图，分别是 pzmap 函数和 zplane 函数。

（1）pzmap 函数。

功能：得到系统函数 H（z）的零极点分布图。

格式：sys=tf（B，A）；pzmap（sys）； 其中 B 和 A 分别表示 H（z）的分子和分母多项式的系数向量（降幂排列），sys 表示系统函数。

（2）zplane 函数。

功能：在 z 平面上画出单位圆、零点和极点。

格式：zplane（B，A）；其中 B 和 A 分别表示 H（z）的分子和分母多项式的系数向量（降幂排列）。

【例 4.5】 已知系统函数 $H(z)$ 为

$$H(z)=\frac{z^2+2z+1}{z^3-0.5z^2-0.005z+0.3}$$

利用 MATLAB 求出该系统的零极点，画出零极点分布图，并判断系统的稳定性（根据所得信息，完成仿真图下的填空）。

绘制离散系统零极点图程序如下所示，仿真结果如图 4.2 所示。

```
clc;
clear;
```

```
B=[0 1 2 1];
A=[1 -0.5 -0.005 0.3];
sys=tf(B,A);
subplot(1,2,1);pzmap(sys);
subplot(1,2,2);zplane(B,A);
```

左图为 pzmap 函数画出的零极点图，右图为 zplane 函数画出的零极点图。同时，可以看出 pzmap 函数画出的图不包括单位圆，且对多重零极点的表示不完整。

根据以上信息可以得出，系统的极点__________，所以系统__________。

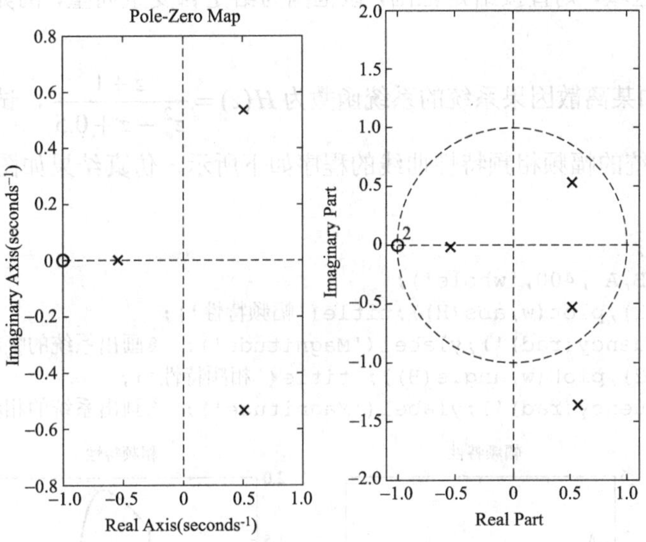

图 4.2　离散系统的零极点分布图

3. 系统的幅频特性和相频特性

若系统函数 $H(z)$ 的极点均在单位圆内，那么它在单位圆上也收敛，则系统的频率响应存在且为

$$H(e^{j\theta}) = H(z)\big|_{z=j\theta}$$

系统函数 $H(e^{j\theta})$ 也反映了离散系统内在的固有特性，$H(e^{j\theta})$ 是 θ 的复函数，可以表示为

$$H(e^{j\theta}) = \left|H(e^{j\theta})\right| e^{j\varphi(\theta)}$$

其中，$\left|H(e^{j\theta})\right|$ 随 θ 变化的规律称为系统的幅频特性；$\varphi(\theta)$ 随 θ 变化的规律称为系统的相频特性。

MATLAB 提供了 freqz（）函数用于分析离散系统的幅频特性和相频特性。

freqz（）函数：

功能：由系统函数得到离散系统的频率响应特性。

格式：

（1）[H，w] =freqz（B，A，N），该调用格式中 B 和 A 分别表示 H（Z）的分子和分母多项式的系数向量（降幂排列），返回量 H 则包含了离散系统频响在 0～pi 范围内 N 个频率等分点的值（其中 N 为正整数），w 则包含了范围内 N 个频率等分点。调用默认的 N 时，其值是 512。

（2）[H，w] =freqz（B，A，N，'whole'），该调用格式将计算离散系统在 0～pi 范围内的 N 个频率等分点的频率响应的值。

如果系统不是实系数的而是复数系统，则系统响应不再对称，0～pi 的范围不足以反映整体特性，此时有两种选择：

（1）绘制整个主值区（–pi～pi），调用格式是增加字串型参数'whole'，例如 freqz（b，a，n，'whole'）；

（2）绘制定制区域，则直接给定范围，该范围为给定自变量向量，例如 freqz（b，a，[-pi：2*pi/n：pi]）。

【例 4.6】 已知某离散因果系统的系统函数为 $H(z)=\dfrac{z+1}{z^2-z+0.5}$，试分析系统的幅频特性和相频特性。系统的幅频相频特性曲线的程序如下所示，仿真结果如图 4.3 所示。

```
B=[1,1];
A=[1,-1,0.5];
[H,w]=freqz(B,A ,400,'whole');
subplot(1,2,1),plot(w,abs(H));title('幅频特性');
xlabel('Frequency(rad)');ylabel('Magnitude');  %画出系统的幅频特性曲线
subplot(1,2,2),plot(w,angle(H)); title('相频特性');
xlabel('Frequency(rad)');ylabel('Magnitude');  %画出系统的相频特性曲线
```

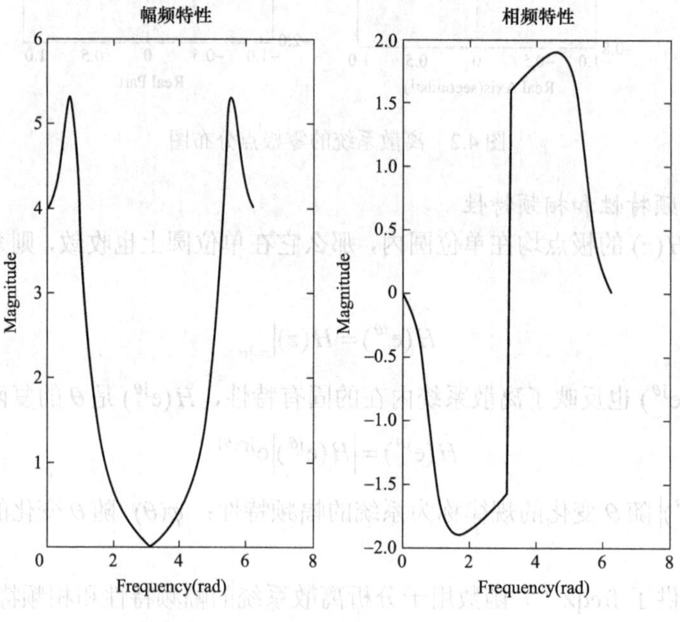

图 4.3 系统的幅频特性和相频特性

结果如图 4.3 所示，系统函数的零点为 $z=-1=\mathrm{e}^{\mathrm{j}\pi}$，使系统幅频响应和相频响应在 $\theta=\pi$ 处的值为零。

三、实验内容

（1）试用 MATLAB 函数求出下列函数的 Z 变换或逆 Z 变换。

$$f_1(k)=k^3\varepsilon(k) \qquad f_2(k)=\left(\frac{1}{2}\right)^k\cos\left(\frac{\pi}{2}k+\frac{\pi}{4}\right)\varepsilon(k)$$

$$F_1(Z)=\frac{z^2-3z}{z^2-3z+2} \qquad F_2(z)=\frac{z^3+z^2}{(z-1)^3}$$

（2）已知某离散系统的系统函数为

$$H(z)=\frac{2z^2-1.6z-0.9}{z^3-2.5z^2+1.96z-0.48}$$

1）计算该系统的零极点，并画出零极点分布图。

2）分析系统是否稳定，若稳定，画出系统的幅频特性和相频特性曲线。

（3）绘制出 $H(z)=\dfrac{z^2}{z^2-\frac{3}{4}z+\frac{1}{8}}$ 的频率响应曲线，并分析系统特性与零极点分布的关系。

四、实验要求

（1）简述实验目的及原理，自行编制完整的实验程序，完成实验内容。

（2）分析并得出系统的零极点分布对系统特性的影响。

（3）简要回答思考题。

（4）独立完成实验报告，列出源程序、程序注释和实验结果，并对所得结果进行对比分析。

五、思考题

（1）仔细观察［例 4.2］的运行结果，分析该系统的滤波特性。

（2）根据实验结果分析，系统的极点分布对系统的稳定性有何影响？

（3）试分析离散系统的滤波特性与零极点的分布有何关系？

第五部分 状 态 方 程

实验十四 系统状态方程的建立与求解

预习要求

（1）状态方程是以哪些物理量作为变量而建立的？

（2）用状态方程求系统的解与微分、差分方程法求解有什么不同？

一、实验目的

（1）理解系统状态方程及系统输出的求解思路。

（2）掌握利用 MATLAB 求解系统状态方程和系统输出的方法。

（3）熟练掌握 lism 函数的使用方法。

二、实验原理

为了揭示系统的内部特性，可以用系统的状态方程和输出方程描述系统输入、状态变量、输出之间的关系。

状态方程：表示系统状态变量与输入之间的关系/方程。对 n 阶系统，状态方程是由 n 个一阶微分方程（差分方程）组成的方程组。

输出方程：表示系统输出与输入和状态变量之间的关系/方程。对 n 阶系统，若有 q 个输出，输出方程是由 q 个代数方程组成的方程组。

1. 连续系统

设 n 阶系统的状态变量为：$x_1, x_2, \cdots, x_n$

系统有 p 个输入：$f_1, f_2, \cdots, f_p$

$$\begin{cases} \dot{x}_1 = a_{11}x_1 + a_{12}x_2 + \cdots + a_{1n}x_n + b_{11}f_1 + b_{12}f_2 + \cdots + b_{1p}f_p \\ \dot{x}_2 = a_{21}x_1 + a_{22}x_2 + \cdots + a_{2n}x_n + b_{21}f_1 + b_{22}f_2 + \cdots + b_{2p}f_p \\ \cdots \quad \cdots \quad \cdots \quad \cdots \\ \dot{x}_n = a_{n1}x_1 + a_{n2}x_2 + \cdots + a_{nn}x_n + b_{n1}f_1 + b_{n2}f_2 + \cdots + b_{np}f_p \end{cases}$$

矩阵形式为

$$\begin{bmatrix} \dot{x}_1 \\ \dot{x}_2 \\ \vdots \\ \dot{x}_n \end{bmatrix} = \begin{bmatrix} a_{11} & a_{12} & \cdots & a_{1n} \\ a_{21} & a_{22} & \cdots & a_{2n} \\ \cdots & \cdots & & \cdots \\ a_{n1} & a_{n2} & \cdots & a_{nn} \end{bmatrix} \begin{bmatrix} x_1 \\ x_2 \\ \vdots \\ x_n \end{bmatrix} + \begin{bmatrix} b_{11} & b_{12} & \cdots & b_{1p} \\ b_{21} & b_{22} & \cdots & b_{2p} \\ \cdots & \cdots & & \cdots \\ b_{n1} & b_{n2} & \cdots & b_{np} \end{bmatrix} \begin{bmatrix} f_1 \\ f_2 \\ \vdots \\ f_p \end{bmatrix}$$

$$\dot{x}(t) = Ax(t) + Bf(t)$$

输出方程为

$$\begin{cases} y_1 = c_{11}x_1 + c_{12}x_2 + \cdots + c_{1n}x_n + d_{11}f_1 + d_{12}f_2 + \cdots + d_{1p}f_p \\ y_2 = c_{21}x_1 + c_{22}x_2 + \cdots + c_{2n}x_n + d_{21}f_1 + d_{22}f_2 + \cdots + d_{2p}f_p \\ \cdots \quad \cdots \quad \cdots \quad \cdots \\ y_q = c_{q1}x_1 + c_{q2}x_2 + \cdots + c_{qn}x_n + d_{q1}f_1 + d_{q2}f_2 + \cdots + d_{qp}f_p \end{cases}$$

矩阵形式为

$$\begin{bmatrix} y_1 \\ y_2 \\ \vdots \\ y_q \end{bmatrix} = \begin{bmatrix} c_{11} & c_{12} & \cdots & c_{1n} \\ c_{21} & c_{22} & \cdots & c_{2n} \\ \cdots & \cdots & & \cdots \\ c_{q1} & c_{q2} & \cdots & c_{qn} \end{bmatrix} \begin{bmatrix} x_1 \\ x_2 \\ \vdots \\ x_n \end{bmatrix} + \begin{bmatrix} d_{11} & d_{12} & \cdots & d_{1p} \\ d_{21} & d_{22} & \cdots & d_{2p} \\ \cdots & \cdots & & \cdots \\ d_{q1} & d_{q2} & \cdots & d_{qp} \end{bmatrix} \begin{bmatrix} f_1 \\ f_2 \\ \vdots \\ f_p \end{bmatrix}$$

令： $Y = [y_1 \quad y_2 \quad y_q]^{\mathrm{T}}$， $C = [C_{ij}]_{q\times n}$， $D = [d_{ij}]_{q\times p}$

则： $y(t) = Cx(t) + Df(t)$

2. 离散系统

设 n 阶系统的状态变量为： $x_1, x_2, \cdots, x_n$

系统有 p 个输入： $f_1, f_2, \cdots, f_p$

$$\begin{cases} x_1(k+1) = a_{11}x_1 + a_{12}x_2 + \cdots + a_{1n}x_n + b_{11}f_1 + b_{12}f_2 + \cdots + b_{1p}f_p \\ x_2(k+1) = a_{21}x_1 + a_{22}x_2 + \cdots + a_{2n}x_n + b_{21}f_1 + b_{22}f_2 + \cdots + b_{2p}f_p \\ \cdots \quad \cdots \quad \cdots \quad \cdots \\ x_n(k+1) = a_{n1}x_1 + a_{n2}x_2 + \cdots + a_{nn}x_n + b_{n1}f_1 + b_{n2}f_2 + \cdots + b_{np}f_p \end{cases}$$

矩阵形式为

$$\begin{bmatrix} x_1(k+1) \\ x_2(k+1) \\ \vdots \\ x_n(k+1) \end{bmatrix} = \begin{bmatrix} a_{11} & a_{12} & \cdots & a_{1n} \\ a_{21} & a_{22} & \cdots & a_{2n} \\ \cdots & \cdots & & \cdots \\ a_{n1} & a_{n2} & \cdots & a_{nn} \end{bmatrix} \begin{bmatrix} x_1(k) \\ x_2(k) \\ \vdots \\ x_n(k) \end{bmatrix} + \begin{bmatrix} b_{11} & b_{12} & \cdots & b_{1p} \\ b_{21} & b_{22} & \cdots & b_{2p} \\ \cdots & \cdots & & \cdots \\ b_{n1} & b_{n2} & \cdots & b_{np} \end{bmatrix} \begin{bmatrix} f_1(k) \\ f_2(k) \\ \vdots \\ f_p(k) \end{bmatrix}$$

$$x_1(k+1) = Ax(k) + Bf(k)$$

输出方程为

$$\begin{cases} y_1(k+1) = c_{11}x_1 + c_{12}x_2 + \cdots + c_{1n}x_n + d_{11}f_1 + d_{12}f_2 + \cdots + d_{1p}f_p \\ y_2(k+1) = c_{21}x_1 + c_{22}x_2 + \cdots + c_{2n}x_n + d_{21}f_1 + d_{22}f_2 + \cdots + d_{2p}f_p \\ \cdots \quad \cdots \quad \cdots \quad \cdots \\ y_q(k+1) = c_{q1}x_1 + c_{q2}x_2 + \cdots + c_{qn}x_n + d_{q1}f_1 + d_{q2}f_2 + \cdots + d_{qp}f_p \end{cases}$$

矩阵形式为

$$\begin{bmatrix} y_1(k) \\ y_2(k) \\ \vdots \\ y_q(k) \end{bmatrix} = \begin{bmatrix} c_{11} & c_{12} & \cdots & c_{1n} \\ c_{21} & c_{22} & \cdots & c_{2n} \\ \cdots & \cdots & & \cdots \\ c_{q1} & c_{q2} & \cdots & c_{qn} \end{bmatrix} \begin{bmatrix} x_1(k) \\ x_2(k) \\ \vdots \\ x_n(k) \end{bmatrix} + \begin{bmatrix} d_{11} & d_{12} & \cdots & d_{1p} \\ d_{21} & d_{22} & \cdots & d_{2p} \\ \cdots & \cdots & & \cdots \\ d_{q1} & d_{q2} & \cdots & d_{qp} \end{bmatrix} \begin{bmatrix} f_1(k) \\ f_2(k) \\ \vdots \\ f_p(k) \end{bmatrix}$$

令： $Y = [y_1 \quad y_2 \quad \cdots \quad y_q]^{\mathrm{T}}$， $C = [C_{ij}]_{q\times n}$， $D = [d_{ij}]_{q\times p}$

则： $y(k) = Cx(k) + Df(k)$

3. MATLAB 求解状态方程

（1）连续系统。

【例 5.1】 已知描述某连续系统的微分方程为

$$y''(t)+5y'(t)+6y(t)=2f'(t)+8f(t)$$

建立系统的状态方程，并计算在初值为 $y(0_-)=-3$，$y'(0_-)=0$，输入为 $f(t)=\mathrm{e}^{-t}\varepsilon(t)$ 时上述系统状态方程的解及系统的输出。

1）tf2ss 函数。

功能：利用微分方程求状态方程的四个矩阵。

格式：[A，B，C，D] =tf2ss（b，a），a 为微分方程左边对应系数构成的行向量，b 为微分方程右边对应系数构成的行向量，返回向量 A，B，C，D 则是系统状态方程所对应的四个矩阵。

a= [1，5，6]；b= [2，8]；

[A，B，C，D] =tf2ss（b，a）；

求状态方程模型的四个矩阵

输出为 A，B，C，D 各矩阵的值，依次为

$$A=\begin{bmatrix}5 & 6\\ 1 & 0\end{bmatrix}\qquad B=\begin{bmatrix}1\\ 0\end{bmatrix}\qquad C=[2\quad 8]\qquad D=[0]$$

2）ss 函数。

功能：利用四个矩阵将系统转化为状态空间模型系统。

格式：sys = ss（A，B，C，D）；

sys=ss（A，B，C，D）；%创建状态空间模型系统

该系统写成状态空间形式为

$$\begin{bmatrix}\dot{x}_1\\ \dot{x}_2\end{bmatrix}=\begin{bmatrix}-5 & -6\\ 1 & 0\end{bmatrix}\begin{bmatrix}x_1\\ x_2\end{bmatrix}+\begin{bmatrix}1\\ 0\end{bmatrix}[f]$$

$$[y]=[2\quad 8]\begin{bmatrix}x_1\\ x_2\end{bmatrix}+[0][f]$$

将初始状态 $y(0_-)=-3, y'(0_-)=0$ 代入上式，可解出状态向量 λ 在 0 时刻的初始值。

3）lsim( )函数。

功能：求系统的状态方程的解及输出的各种响应。

格式：lsim（sys，f，t，X0）绘出连续时间系统 sys 在输入为 f 和 t 所定义的信号时，系统输出函数的全响应的时域仿真波形。t 为表示输入信号时间范围的向量，f 则是输入信号 f（t）对应于向量 t 所定义的时间点上的取样值，X0 表示系统状态变量 X= [x1，x2，…，xn] ' 在 t=0 时刻的初值。

[Y，X] = lsim（sys，f，t，X0）是求出与向量 t 定义的时间范围相一致的系统输出向量 Y 的全响应以及状态变量 X 的数值解。

显然，函数 lsim( )对系统响应进行仿真的效果取决于向量 t 的时间间隔的密集程度，t 的取样时间间隔越小则响应曲线越光滑，仿真效果也越好。绘制系统状态变量以及系统输出曲线的程序如下所示，仿真结果分别如图 5.1 和图 5.2 所示。

```
close all;clear all;clc;
a=[1,5,6]; b=[2,8];
[A,B,C,D]=tf2ss(b,a);
x0=[-3;0];                          %定义初始状态
t=0:10/300:10;                      %定义时间范围
f=exp(-t);                          %定义输入信号
[Y,X]=lsim(A,B,C,D,f,t,x0);         %系统输出向量 Y 的全响应以及状态变量 X 的数值解
subplot(2,1,1);plot(t,X(:,1),'b');
xlabel('time(s)');
ylabel('Magnitude');
title('状态变量 1 的曲线');
subplot(2,1,2);plot(t,X(:,2),'b');
```

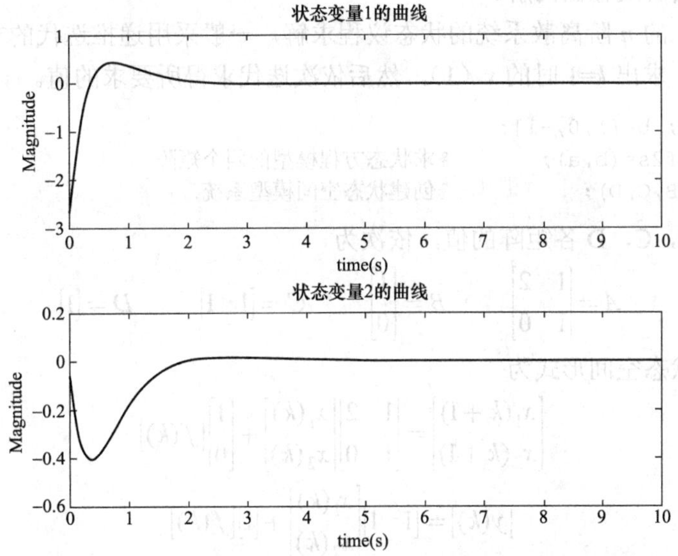

图 5.1　系统状态变量的曲线

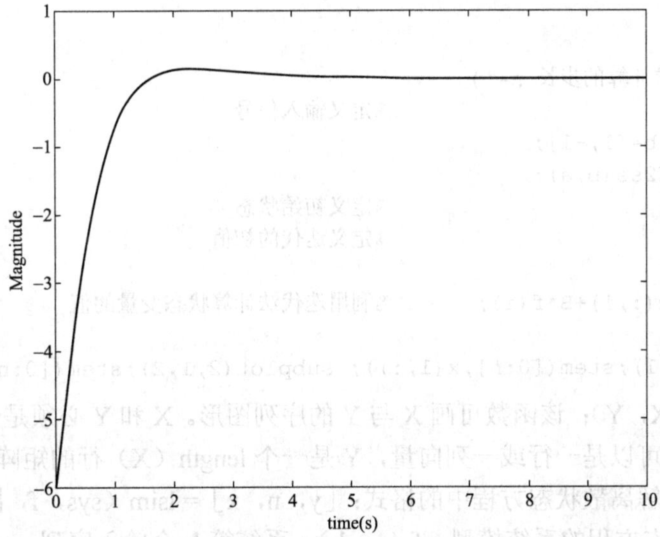

图 5.2　系统的输出曲线

```
ylabel('Magnitude');
xlabel('time(s)');
title('状态变量 2 的曲线');
figure,plot(t,Y,'b');
xlabel('time(s)');ylabel('Magnitude');
title('系统的输出曲线');
```

（2）离散系统。

【例 5.2】 已知描述某离散系统的差分方程为

$$y(k)-y(k-1)-2y(k-2)=f(k)-f(k-2)$$

建立系统的状态方程，并编程求在初始状态为 $y(0)=-1, y(1)=0.5$，输入为 $f(t)=\varepsilon(k)$ 时系统的状态方程的解及输出的解。

若只对单输入的 n 阶离散系统的状态议程求解，一般采用递推迭代的方式求解，由初始条件和激励 f（0）求出 k=1 时的 x（1），然后依次迭代求得所要求的值。

```
a=[1,-1,-2]; b=[1,0,-1];
[A,B,C,D]=tf2ss(b,a);            %求状态方程模型的四个矩阵
sys = ss(A,B,C,D);               %创建状态空间模型系统
```

输出为 A，B，C，D 各矩阵的值，依次为

$$A=\begin{bmatrix}1 & 2\\ 1 & 0\end{bmatrix} \qquad B=\begin{bmatrix}1\\ 0\end{bmatrix} \qquad C=\begin{bmatrix}1 & 1\end{bmatrix} \qquad D=\begin{bmatrix}1\end{bmatrix}$$

该系统写成状态空间形式为

$$\begin{bmatrix}x_1(k+1)\\ x_2(k+1)\end{bmatrix}=\begin{bmatrix}1 & 2\\ 1 & 0\end{bmatrix}\begin{bmatrix}x_1(k)\\ x_2(k)\end{bmatrix}+\begin{bmatrix}1\\ 0\end{bmatrix}[f(k)]$$

$$[y(k)]=\begin{bmatrix}1 & 1\end{bmatrix}\begin{bmatrix}x_1(k)\\ x_2(k)\end{bmatrix}+[1][f(k)]$$

离散系统状态方程求解程序如下（迭代法），仿真结果如图 5.3 所示。

```
clc;
clear;
n=input('要求计算的步长 n=')
f=ones(1,n)                          %定义输入信号
a=[1,2,-1]; b=[1,-1];
[A,B,C,D]=tf2ss(b,a);
x0=[-1;0.5];                         %定义初始状态
x(:,1)=x0;                           %定义迭代的初值
for i=1:n
x(:,i+1)=A*x(:,i)+B*f(i);            %利用迭代法计算状态变量的值
end
subplot(2,1,1);stem([0:n],x(1,:)); subplot(2,1,2);stem([0:n],x(2,:));
```

说明：stem（X，Y）；该函数可画 X 与 Y 的序列图形。X 和 Y 必须是长度相同的向量或者矩阵。另外，X 可以是一行或一列向量，Y 是一个 length（X）行的矩阵。

lsim 函数在求解离散状态方程中的格式：[y，n，x] = lsim（sys，f，[ ]，x0）

Sys 为离散状态方程的系统模型，f（:，k）：系统第 k 个输入序列，x0 为系统的初始状态（可缺省），y（:，k）为系统的第 k 个输出，n 为序列的下标，x 为系统的状态变量序列。

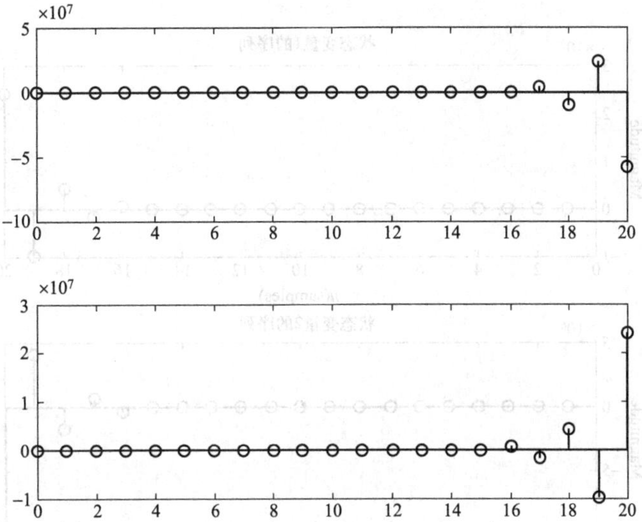

图 5.3 系统的状态变量序列（迭代法）

求解系统的状态变量序列（lsim 法）以及系统的输出序列的程序如下所示，仿真结果分别如图 5.4 和图 5.5 所示。

```
close all;clear all;clc;
n=input('要求计算的步长 n=')
a=[1,2,-1]; b=[1,-1];
[A,B,C,D]=tf2ss(b,a);
sys = ss(A,B,C,D,[]);
x0=[-1;0.5];                    %定义初始状态
f=ones(1,n);                    %定义输入信号
[Y,N,X]=lsim(sys,f,[],x0);  %系统输出向量 Y 的全响应以及状态变量 X 的数值解
subplot(2,1,1);stem([1:n],X(:,1),'b');
xlabel('n(samples)');
ylabel('Magnitude');
title('状态变量 1 的序列');
subplot(2,1,2);stem([1:n],X(:,2),'b');
xlabel('n(samples)');
ylabel('Magnitude');
title('状态变量 2 的序列');
figure,stem([1:n],Y,'b');
xlabel('n(samples)');
ylabel('Magnitude');
title('系统的输出序列');
```

三、实验内容

（1）已知描述某连续系统的微分方程为

$$y''(t)+3y'(t)+2y(t)=2f'(t)+6f(t)$$

建立系统的状态方程，并编程求在初始状态为 $y(0_-)=2, y'(0_-)=1$，输入为 $f(t)=\varepsilon(t)$ 时系统的状态方程的解及系统的输出。

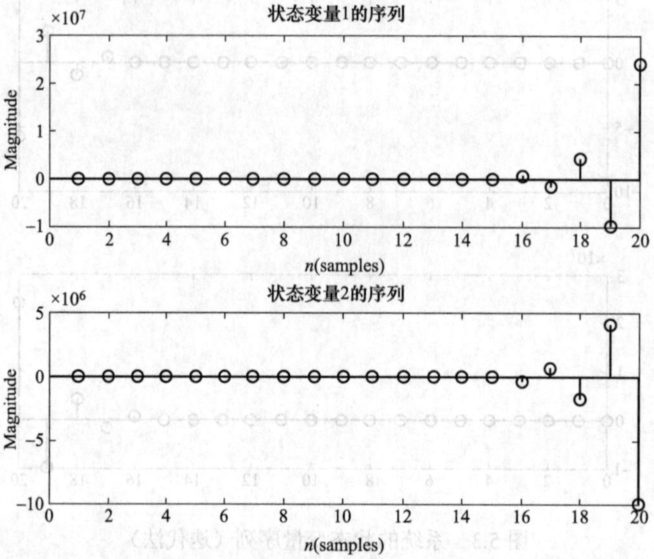

图 5.4 系统的状态变量序列（lsim 法）

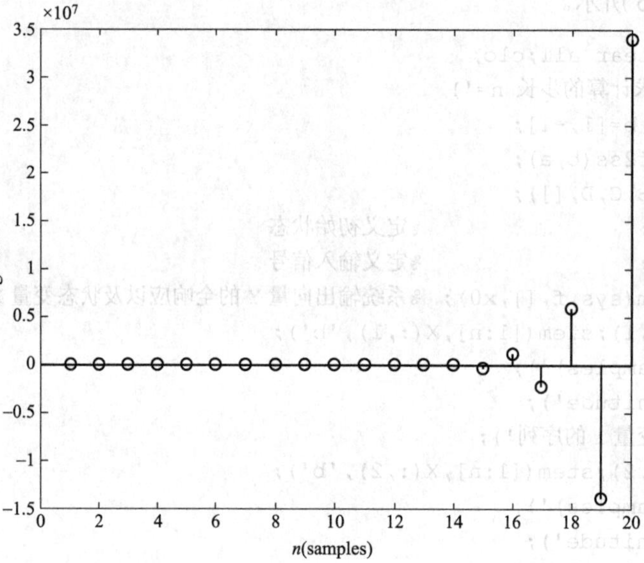

图 5.5 系统的输出序列

（2）已知描述某离散系统的差分方程为

$$y(k)-3y(k-1)+2y(k-2)=f(k-1)+2f(k-2)$$

建立系统的状态方程，并编程求在初始状态为 $y(0)=y(1)=1$，输入为 $f(t)=0.5\varepsilon(k)$ 时系统的状态方程的解及系统的输出。

（3）已知系统的状态方程和输出方程为

$$\begin{bmatrix}x_1(k+1)\\x_2(k+1)\end{bmatrix}=\begin{bmatrix}0 & 1\\-6 & 5\end{bmatrix}\begin{bmatrix}x_1(k)\\x_2(k)\end{bmatrix}+\begin{bmatrix}0\\1\end{bmatrix}[f(k)] \qquad \begin{bmatrix}y_1(k)\\y_2(k)\end{bmatrix}=\begin{bmatrix}1 & 1\\2 & -1\end{bmatrix}\begin{bmatrix}x_1(k)\\x_2(k)\end{bmatrix}$$

初始状态为$\begin{bmatrix} x_1(0) \\ x_2(0) \end{bmatrix} = \begin{bmatrix} 1 \\ 2 \end{bmatrix}$，输入为$f(t)=\varepsilon(k)$，试编程求系统的状态方程的解及系统的输出。

四、实验要求

（1）简述实验目的及原理，自行编制完整的实验程序，完成实验内容。

（2）总结状态方程求解的方法及特点。

（3）简要回答思考题。

（4）独立完成实验报告，列出源程序、程序注释和实验结果，并给出实验结果分析。

五、思考题

（1）分析用函数 lsim 求解连续系统和离散系统状态方程及输出方程的异同。

（2）分析并得出迭代法和 lsim 法求解离散状态方程的差别与原因。

（3）试分析多输入系统状态方程的解及系统输出的求解方法。

第六部分　信号处理综合实验

实验十五　语音信号滤波器设计

一、实验目的

结合实际语音信号的特点综合应用信号与系统的基础理论，掌握系统性能分析的方法及应用 MATLAB 函数设计模拟滤波器的方法。

二、实验原理

在数字语音系统中，需首先对语音信号（模拟信号）采样，语音信号频率范围 $[-f_h, f_h]$，信号中一般含有干扰噪声，其频带宽度远大于 f_h。本次实验以电话系统中的语音信号采样系统为对象，设计语音信号采样前滤波器。数字电话系统结构框图如图 6.1 所示，电话系统中一般要保证 4kHz 的音频带宽，即取 f_h=4kHz，但送话器发出的信号的带宽比 f_h 大很多。因此在 A/D 转换之前需对其进行模拟预滤波，以防止采样后发生频谱混叠失真。为使信号采集数量尽量少，设模数转换器的采样频率为 8kHz。

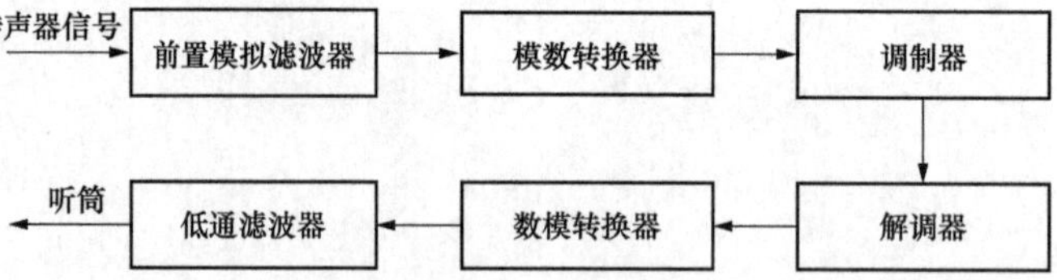

图 6.1　数字电话系统框图

三、实验内容

（1）设计任务即是模拟预滤波系统，要求能够防止语音信号采样后发生频谱混叠失真，语音信号采样频率为 8kHz。实际的语音信号在 3.4kHz 以内，要保证 4kHz 的音频带宽，因干扰噪声存在的缘故，实际送话器发出的信号的带宽要大很多，因此需设计模拟低通滤波器，设计指标请根据要求自行选取。

（2）性能测试：自制带噪声的语音信号（可自己录音并作加噪处理，或者在有非人声噪声环境下录音），将 wav 波形信号作为系统测试信号，测试所设计模拟预滤波系统的滤波性能，对输入及输出信号作频谱分析。

四、设计要求

（1）根据要求自行查阅相关资料，写出实验目的、实验原理、实验内容。

（2）写出设计思路并确定系统性能指标。

（3）编写 MATLAB 程序。

五、实验报告要求

（1）记录系统的频率响应特性曲线及输入输出实验波形。

（2）理论计算并分析实验结果。

（3）简要回答思考题。

（4）实验总结（收获及体会）。

六、思考题

（1）语音信号的频率分量有哪些？

（2）对语音信号进行模拟滤波的方法是什么？

（3）设计模拟滤波器的技术指标有哪些？

实验十六　语音信号采集与恢复

一、实验目的

（1）验证时域抽样定理。

（2）熟悉时域的抽样与恢复过程。

（3）通过实验观察欠采样时语音信号频谱的混叠现象。

（4）掌握采样前后信号频谱的变化，加深对采样定理的理解。

（5）掌握采样频率的确定方法。

二、实验原理

频域采样定理的要点：对信号 $X(n)$ 的频谱函数 $X(e^{jw})$ 在 $[0,2\pi]$ 上等间隔采样 N 点，得到

$$X_n(k)=X(e^{jw})|_{w=\frac{2\pi k}{N}};\quad k=0,1,2,\cdots,N-1$$

则 N 点 $IDFT[X_N(K)]$ 得到的序列就是原序列 $X(n)$ 以 N 为周期进行周期延拓后的主值区序列，公式为

$$x_N(n)=IDFT\left[X_N(K)\right]_N=\left[\sum_{i=-\infty}^{\infty}x(n+iN)\right]R_N(n)$$

由上式可知，频域采样点数 N 必须大于等于时域离散信号的长度 M（即 $N>M$，才能使时域不产生混叠，则 N 点的 $IDFT[X_N(K)]$ 得到的序列 $x_N(n)$ 就是原序列 $X(n)$，即 $x_N(n)=X(n)$。如果 $N>M$，$X(n)$ 比原序列尾部多 $N-M$ 个零点；如果 $N<M$，则 $x_N(n)=IDFT[X_N(k)]$ 发生了时域混叠失真，而且 $x_N(n)$ 的长度 N 也比 $X(n)$ 的长度 M 短。因此，$x_N(n)$ 与 $X(n)$ 不相同。

人耳能听到的声音的频率范围为20Hz～20kHz，而一般语音频率最高为3.4kHz。语音的采集是指语音声波信号经传声器和高频放大器转换成有一定幅度的模拟量电信号，然后再转换成数字量的过程。根据“奈奎斯特采样定理”，采样频率必须大于模拟信号最高频率的两倍，由于语音信号频率为300～3400Hz，所以把语音采集的采样频率定为8kHz。

在信号处理的应用中，只要涉及时域或是频域采样，都必须服从这两个采样定理的要求。对比上述的时域采样定理和频域采样定理，得到一个有用的结论，这两个采样定理具有对称性：“时域采样频域周期延拓，频域采样时域信号周期延拓”。

三、实验内容

（1）采集一段歌曲（可自行下载或录制一段音频文件，注意 MATLAB 能够处理的文件格式为.wav，非该格式音频文件需要进行格式转换）。

（2）对采集到的音频信号进行欠采样、正常采样，并恢复信号，听声音效果并进行分析。

（3）画出采样前后的时域、频域波形图。

四、设计要求

（1）根据要求自行查阅相关资料，写出实验目的、实验原理、实验内容。

（2）写出设计思路并确定系统性能指标。

五、实验报告要求

（1）记录系统的频率响应特性曲线及输入输出实验波形。

（2）理论计算并分析实验结果。

（3）简要回答思考题。

（4）实验总结（收获及体会）。

六、思考题

（1）如何确定采样频率？

（2）语音信号的时域分析方法有哪些？

（3）语音信号采样前后的频谱有什么变化？

实验十七　基于数字滤波器的心电信号滤波设计

一、实验目的

结合实际心电信号的特点，采用巴特沃斯滤波器、切比雪夫滤波器针对心电信号中的工频干扰、基线漂移、肌电干扰等主要噪声设计出对应的去噪方法。

二、实验原理

1. 心电信号简介

人的心电信号是表示人生命体征的曲线图，它往往是由一组“波”构成的波群。在国际标准中根据波形不同规定它们为：P 波，一个 QRS 波群和一个 T 波，有时会在 T 波之后还出现一个小的 U 波，一组心电图波群代表一个心动周期，波群的幅度由心脏电压决定，对时间发生变化。心电信号的幅度范围是 10μV～4mV，典型值是 1mV，其频率范围为 0.5～100Hz。图 6.2 给出一个完整的心电信号特征图。

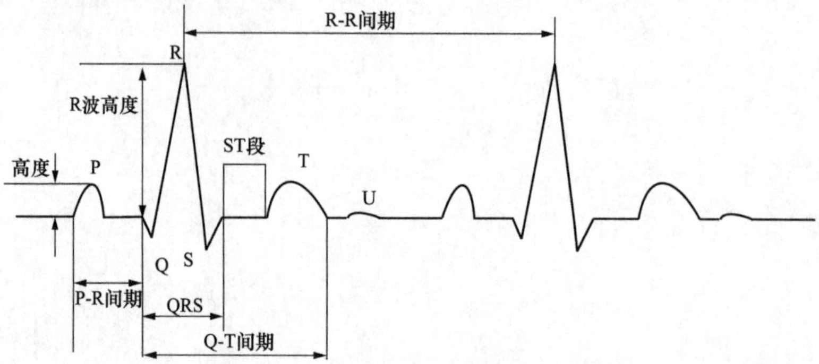

图 6.2　心电图典型波形

心电信号从噪声干扰来源上可以分为两大类，人体内部噪声（呼吸干扰、肌电干扰等）和人体外部噪声（工频干扰、测量设备自身干扰等），其中工频干扰是心电信号的主要噪声。心电信号滤波电路设计时主要考虑以下三种噪声的影响。

（1）工频干扰：主要包括 50Hz（60 Hz）电源线干扰及高次谐波干扰。依情况不同，其干扰幅度达心电信号峰—峰值的 0～50%。

（2）呼吸干扰（基线漂移）：这种噪声是因呼吸、肢体活动或运动心电图测试所引起的。稍微剧烈的肢体运动将引起心电信号波形发生改变，其频率一般在 0.05～2.00Hz 之间。

（3）肌电干扰：研究表明，在人体表皮层的内外存在着典型值 30mV 的皮肤电势。当皮肤伸展时，皮肤电势降到大约 25mV，这 5mV 的皮肤电势变化反应到心电信号中，即为人们所观察到的由于肌电收缩所产生的噪声。由于人的紧张或寒冷刺激，或某些疾病都会产生高频肌电噪声，它的产生是众多肌纤维随机收缩时引起的，频率范围很广，频谱特性接近白噪声。一般为 100Hz 以上。

2. 巴特沃斯滤波器

巴特沃斯滤波器是滤波器的一种设计分类，其采用的是巴特沃斯传递函数，有高通、低通、带通、带阻等多种滤波器类型。巴特沃斯滤波器的特点是通频带内的频率响应曲线最大限度平坦，没有起伏，而在阻频带则逐渐下降为零。在振幅的对数对角频率的波特图上，从某一角频率开始，振幅随着角频率的增加而逐步减少，趋向负无穷大。

巴特沃斯低通滤波器可用如下振幅的平方对频率的公式表示为

$$|H(\omega)|^2=\frac{1}{1+\left(\dfrac{\omega}{\omega_c}\right)^{2n}}=\frac{1}{1+\varepsilon^2\left(\dfrac{\omega}{\omega_p}\right)^{2n}}$$

式中：n 为滤波器的阶数；ω_c 为截止频率，即振幅下降为–3 分贝时的频率；ω_p 为通频带边缘频率；$\dfrac{1}{1+\varepsilon^2}=|H(\omega)|^2$ 在通频带边缘的数值。

3. 切比雪夫滤波器

切比雪夫型滤波器的频率响应幅度既可以在通带中是等波纹的，在阻带中是单调的（称为Ⅰ型切比雪夫滤波器），也可以在通带中是单调的，在阻带中是等波纹的（称为Ⅱ型切比雪夫滤波器）。Ⅰ型切比雪夫滤波器的幅度平方函数为

$$|H_c(\mathrm{j}\Omega)|^2=\frac{1}{1+\varepsilon^2C_N^2(\Omega/\Omega_c)}$$

式中为 N 阶切比雪夫多项式，定义为

$$C_N(x)=\cos(N\cos x)^{-1}$$

式中：ε 为纹波参数，它与通带纹波有关；Ω_c 为通带截止频率；N 为滤波器的阶数。

4. 心电信号数据来源

实验可以采用美国麻省理工学院（The Massachusetts Institute of Technology）和 Beth israel 医院合作建立的 MIT-BIH 心电数据库中的心电数据。数据库网址为 http：//physionet.org/cgi-bin/atm/ATM，下载心电信号时，进入网站，如图 6.3 所示进行选项设置，在该页面下下载.mat 文件，如图 6.4 中 f1o01.mat（在图 6.3 中 Record 选项中可以改变数据编号）。（备注：该数据库数据的采样频率为 250Hz，采样时长为 60s）

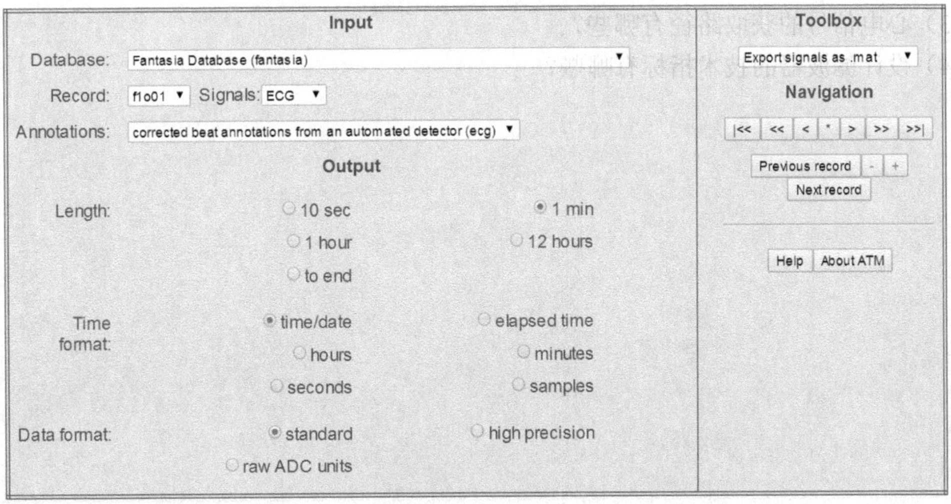

图 6.3　数据选项设置

Download these files:

- f1o01m.mat (binary, 30024 bytes; the matrix of raw signal values)
- f1o01m.info (text, 307 bytes; signal names and other information about f1o01m.mat)
- f1o01m.hea (text, 139 bytes; needed to read f1o01m.mat using applications in the WFDB Software Package or functions in the WFDB Toolbox for MATLAB)
- plotATM.m (m-code text; a function that reads f1o01m.mat and f1o01m.info and plots the converted data.)

图 6.4 数据下载

三、实验内容

（1）导入含噪心电信号，分析噪声的特点，选择不同的滤波器进行滤波并对比。

（2）选择合适的通带阻带截止频率，分别对心电信号的三种噪声进行滤波处理。

（3）绘制两种滤波器系统函数幅频响应和相频响应。

（4）绘制滤波前后的时域图和频谱图。

四、设计要求

（1）根据要求自行查阅相关资料，写出设计思路。

（2）依次采用巴特沃斯、切比雪夫滤波器滤除噪声，并说明通带、阻带截止频率等性能指标的选择依据，写出设计步骤。

（3）编写 MATLAB 程序。

五、实验报告要求

（1）记录系统的频率响应特性曲线及输入输出实验波形。

（2）分析对比两种滤波器滤波后的实验结果。

（3）说明利用噪声频率特性进行滤波的原理。

（4）简要回答思考题。

（5）简述实验总结与体会。

六、思考题

（1）心电信号数据库数据的采样频率是多少？为什么选择该采样值？

（2）心电信号中主要噪声有哪些？

（3）心电信号的获取路径有哪些？

（4）设计滤波器的技术指标有哪些？

实验十八　基于小波变换的心电信号滤波算法设计

一、实验目的

（1）了解小波变换的基本原理。

（2）掌握采用小波变换滤除心电信号干扰的方法。

二、实验原理

小波分析（Wavelet Analysis），也称多分辨分析（Multi-Resolution Analysis），是时频信号的一种分析方法，是傅里叶分析发展史上里程碑式的进展。与傅里叶分析相比而言，小波分析在时域和频域同时具有良好的局部化性质，而且由于对高频成分采用逐渐精细的时域或空域取样补偿，可以聚焦到对象的任何细节。所以，作为信号处理的一种重要工具，小波分析在生物医学信号分析处理方面有着广阔的应用前景。

$W_x = W_f + W_e$ 是小波变化的线性表示，主要意义在于保留有用信号控制的小波系数且抑制或者去除无用信号和噪声控制的小波系数，这些都是因为小波变换具有良好的时频局部化特性，对剩余的小波系数做逆变换得到去噪信号，以下是对小波去噪原理的具体分析。

受“污染”的信号，即含有大量噪声的信号可以表示为

$$y_i = f_i + \sigma_i \qquad i = 1, \cdots, n$$

其中 y_i 代表的是含噪的信号，f_i 代表的是“纯净”的采样信号，σ_i 表示的是噪声信号，信号长度为 n。小波去噪就是含噪信号 y_i 中去除噪声信号 σ_i，独立分离出有用信号 f_i。要达到信号和噪声分离的目的需要利用两者在小波变换下的特性不同点，通过小波分解的系数进行处理。对含有噪声的信号进行三层小波分解，即

$$\begin{aligned} S &= CA_1 + CD_1 \\ &= CA_2 + CD_2 + CD_1 \\ &= CA_3 + CD_3 + CD_2 + CD_1 \end{aligned}$$

用树状图的形式表示小波分解（三层），如图 6.5 所示。图中，S 代表的是有噪声的信号，CD_1 和 CA_1 表示的是信号 S 在小波分解系数为 1 的情况下分解的信号，以此类推。小波分解系数根据情况而定，其中 CA_i 表示分解近似部分，CD_i 表示分解的细节部分，近似部分是分解到的有用信号，而噪声信号一般存在于 CD_i 中，之后进行门限阈值处理和小波重构即可达到去噪的目的。

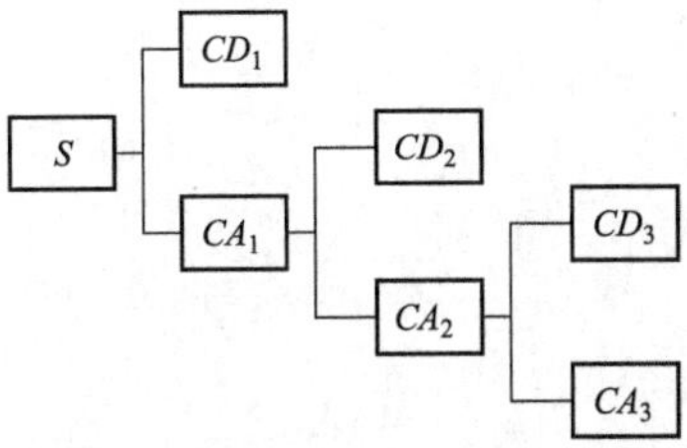

图 6.5　三层小波分解示意图

三、实验内容

人体心电信号是一种弱电信号，信噪比低，会受到多种噪声的干扰（主要干扰已在实验十七中介绍）。

（1）载入含噪心电信号，分析噪声的特点，选择合适的小波函数进行滤波。

（2）工频干扰主要反映在小尺度的小波系数上（2 尺度），与心电信号频带相重叠，可采用硬阈值法对小波系数进行抑制。

（3）选取 Symlets 小波对含有基线漂移、肌电干扰的心电信号进行 8 层小波分解。

（4）基线漂移对于心电信号而言属于低频干扰，频率小于 1Hz，采用 zeros 函数对第 8 层低频信号进行强制去噪。

（5）肌电干扰的频率范围为 5～2000Hz，在某些尺度上与有用的心电信号产生叠加，大部分叠加在第 1 尺度上，对 1 尺度上采用软阈值法将对应的小波系数进行衰减，消除高频噪声，最后进行小波重构。

（6）绘制滤波前后的时域波形以及频谱图。

四、设计要求

（1）选择合适的小波函数，利用小波变换不同尺度上的分解与重构来去除心电干扰信号。

（2）编写 MATLAB 程序，要求滤除后的心电信号信噪比 SNR 不小于 15，均方误差 MSE 不大于 1.50，并写出设计思路。

五、实验报告要求

（1）根据要求自行查阅相关资料，写出设计原理及设计过程。

（2）画出程序流程图。

（3）编写 MATLAB 程序（需加注释说明，并提交 m 文件源程序）。

（4）简要回答思考题。

（5）简述实验总结与体会。

六、思考题

（1）小波变换的原理是什么？

（2）如何选择小波函数？

（3）若均方根误差与信噪比未达到设计要求，其主要原因是什么？

实验十九　基于 LabVIEW 的 QRS 波检测系统设计

一、实验目的

（1）掌握 QRS 波的波形特点。

（2）初步掌握 LabVIEW 软件编程方法。

（3）掌握使用 LabVIEW 软件平台的 QRS 波检测方法。

基于 LabVIEW 的 ORS 波检测系统设计

二、软件环境

安装 LabVIEW 2012 版及以上版本软件。

三、LabVIEW 简介

LabVIEW 是实验室虚拟仪器工程平台（Laboratory Virtual Instrument Engineering Workbench）的简称，是 NI 公司推出的一种图形化编程软件开发环境。其特点是使用图形化编程语言在程序框图中创建源程序，用程序框图代替传统程序代码，运行方便，编程简单易懂。LabVIEW 程序被称为 VI（Virtual Instruments，VI，虚拟仪器），VI 由前面板、程序框图以及图标和连线板组成。其前面板及程序框图如图 6.6 所示。

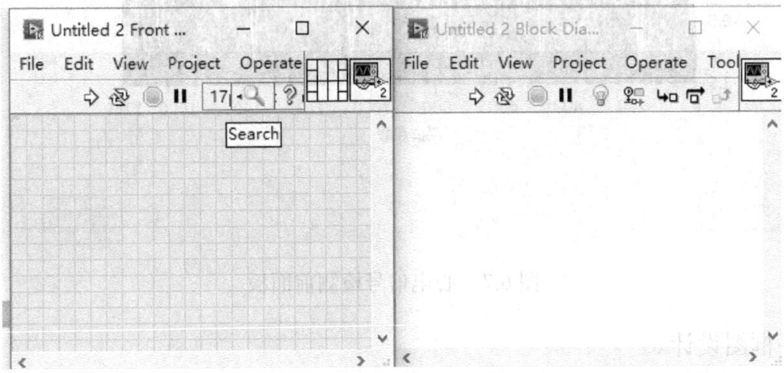

图 6.6　前面板及程序框图

（1）前面板是图形用户界面，也就是 VI 的虚拟前面板，由控制控件和显示控件组成，包括旋钮、刻度盘、开关和图表等。控制控件用于用户向程序输入数据或控制信号，显示控件用于向用户显示数据或信息。

（2）程序框图是 VI 的图形化源程序，主要设置前面板控件的接线端口及一些只在后台运行的函数、结构和连线等。

（3）图标和连线板。图标是 VI 的图形化表示，一个 VI 既可以作为上层独立程序，也可以作为其他程序的子程序，如果将一个 VI 当作子 VI 使用，程序框图上将显示代表该子 VI 的图标。连线板标明了可与该 VI 连接的输入和输出端。

四、实验内容

1. QRS 复合波的波形特点

QRS 复合波在心电信号波形（心电信号简介见实验十七）中所占分量最大，且三个波是连续的，因此被称为 QRS 复合波。复合波的起点为一个向下的波，称为 Q 波，第二个波为 R 波，它的幅值最高，斜率最大，最容易检测。第三个为向下的波称为 S 波，这三个波传播的总时间不超过 0.10s，QRS 波代表两个心室兴奋的传播时间，正常人的 QRS 波的传播时间为 0.06～0.10s。因此，结合 QRS 波的波形特点采用 LabVIEW 软件设计 QRS 波检测系统。

2. LabVIEW 程序设计

（1）前面板设计。

打开程序前面板，使之成为当前活动窗口，在其活动窗口中，右键打开控制选板：

1）添加 1 个“图形”显示控件：控件选板→新式→图形→波形图表。

2）添加 1 个“停止”控件，用于控制整个程序的结束：控件选板→新式→布尔→停止按钮。

设计完成的 LabVIEW 前面板如图 6.7 所示。

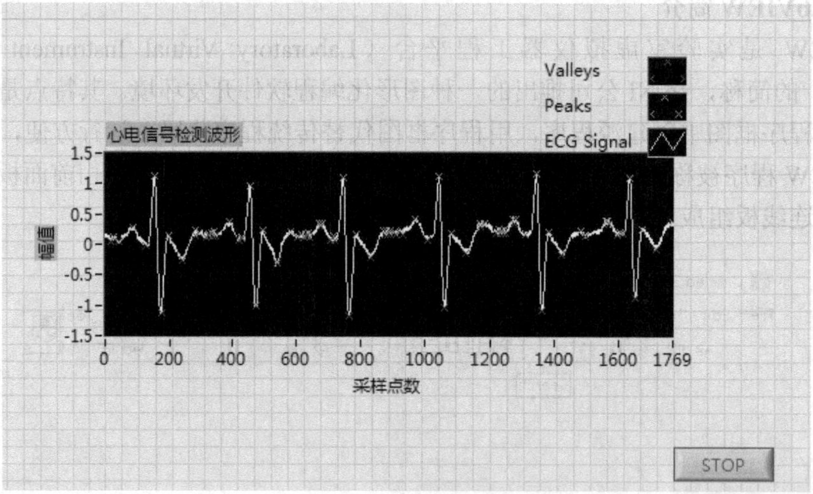

图 6.7 心电信号检测前面板

（2）程序框图设计。

打开程序框图面板，使之成为当前活动窗口，在其活动窗口中，右键打开函数选板：

1）添加 1 个“while 循环”，在 while 循环中添加“WA Data Samples VI”用于获取数据样本，右键创建常量并选择 ECG 信号。

2）添加“获取波形成分函数”用于显示心电信号波形。

3）添加 2 个“WA Online Multiscale Peak Detection VI”检测出 QRS 波。

4）添加“索引数组函数”以及“创建数组函数”，右键创建显示控件，显示出检测后波形。

设计完成的 LabVIEW 检测程序框图如图 6.8 所示。

五、设计要求

（1）通过 LabVIEW 软件平台设计前面板。

（2）采用 LabVIEW 软件编写程序框图，运用“WA Online Multiscale Peak Detection VI”检测出心电信号中的 QRS 复合波。

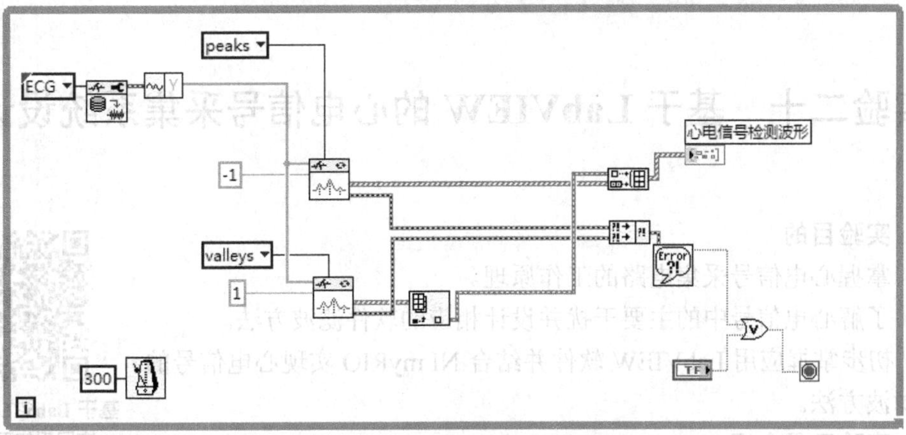

图 6.8　心电信号检测程序框图

六、实验报告要求

（1）简述实验目的及原理。

（2）按实验内容附上前面板及程序框图。

（3）简要回答思考题。

（4）简述实验总结与体会。

七、思考题

（1）心电信号的波形特点是什么？

（2）在 LabVIEW 中心电信号的检测还有哪些实现方法？

（3）通过 LabVIEW 编写程序框图时，有哪几种结构类型？

实验二十　基于 LabVIEW 的心电信号采集系统设计

基于 LabVIEW 的心电信号采集系统设计

一、实验目的

（1）掌握心电信号采集电路的工作原理。

（2）了解心电信号中的主要干扰并设计相应的软件滤波方法。

（3）初步掌握应用 LabVIEW 软件并结合 NI myRIO 实现心电信号的采集及滤波方法。

二、实验工具介绍

1. 软件环境

本设计除了需要安装 LabVIEW myRIO 2016 版软件，还需要安装的软件有：LabVIEW RT、LabVIEW FPGA 等模块，以及编译工具 2016Xilinx2015_4。安装顺序如图 6.9 所示。

2016Xilinx2015_4 (1)
5
2018/5/6 14:52
光盘映像文件
4,298,122
2016RealTime-Eng
2
2018/4/1 16:05
应用程序
1,044,216
2016myRIO
4
2018/4/4 16:05
光盘映像文件
2,443,432
2016LV-WinEng
1
2018/4/1 14:59
应用程序
1,502,852
2016FPGA-Eng
3
2018/4/1 13:50
应用程序
452,956 KB

图 6.9　软件安装顺序

2. NI myRIO 介绍

MyRIO 是 NI 公司的一款嵌入式开发平台。外围有三个连接端口，分别是两个 MXP 和一个 MSP，主要负责发送和接收传感器与电路输入的信号，其直流供电范围是 6～16V，MyRIO 架构如图 6.10 所示。

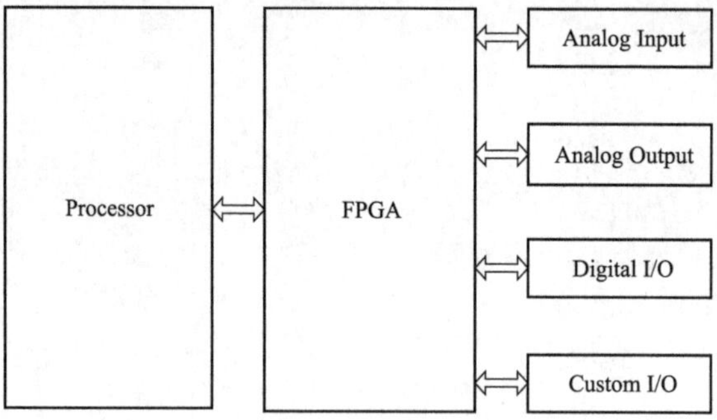

图 6.10　MyRIO 架构

三、实验内容

NI myRIO-1900 具有数据采集的功能，本设计采用 MyRIO 中的 FPGA 模块实现数据采集。首先搭建心电采集电路，然后将采集电路与 MyRIO 中的 I/O 口连接，达到数据采集的目的，最后通过 LabVIEW 调用 Matlab 中的滤波算法滤除干扰。

1. 心电信号采集电路

心电信号采集系统的心电导联体系选择 I 导联体系，其采集原理框图如图 6.11 所示。下图导联电极 RA、LA、RL 分别和肢中的右上肢、左上肢、右下肢连接，其中左上肢与右上肢心电信号采用差分输入方式，经过放大电路（前置差分放大与主放大电路），噪声滤除（带通滤波与工频陷波电路），将输出的信号连接到 NI myRIO 中的 AI0 口实现心电数据的采集。

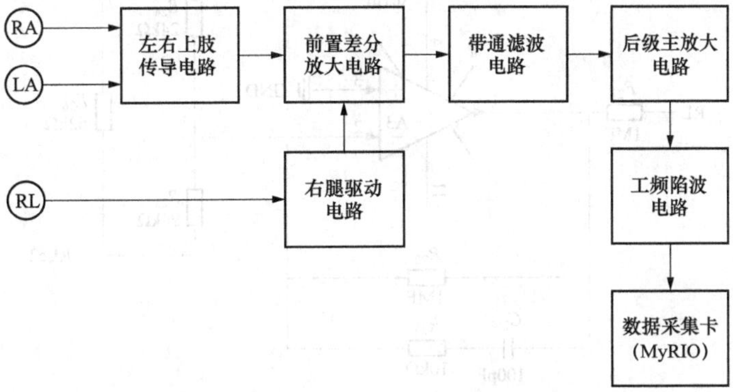

图 6.11　心电采集原理框图

（1）传导电路。心电信号采集系统的心电导联体系选择 I 导联体系，导联电极 RA、LA、RL 分别和肢中的右上肢、左上肢、右下肢连接。传导电路如图 6.12 所示。

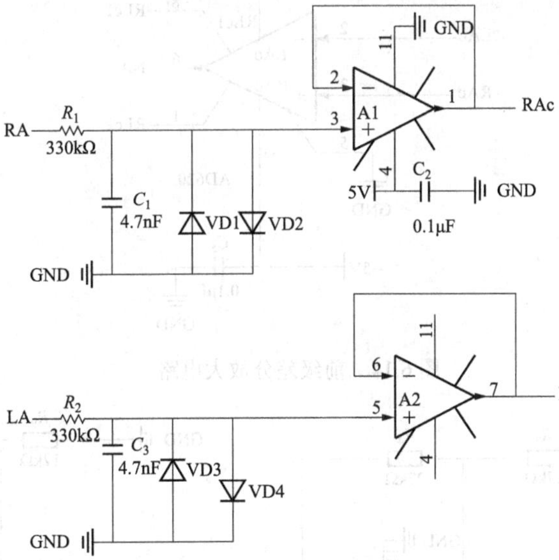

图 6.12　左右传导电路

（2）右腿驱动电路。右腿驱动技术是为了降低电路中的共模信号，右腿电极接到运算放大器输出端，共模信号可以被抑制大约 $1+K$（K 为反相放大倍数）倍。右腿驱动电路如图 6.13 所示。

（3）前级差分放大电路。采用 AD620 芯片实现前级放大，放大倍数为 10，外接电阻 R_g 与放大倍数 G 的计算公式为

$$G = 49.4\text{k}\Omega \div R_g + 1$$

其前级差分放大电路如图 6.14 所示。

（4）带通滤波电路。心电信号基线漂移频率为 0～0.5Hz，肌电干扰的频率在 100Hz 以上，则带通滤波器的上下截止频率为 100Hz 和 0.5Hz，因此设计带通滤波电路滤除干扰。电路图

如图 6.15 所示。

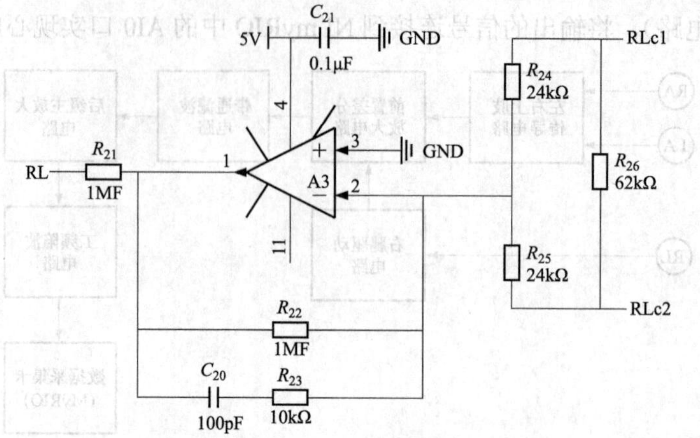

图 6.13　右腿驱动电路

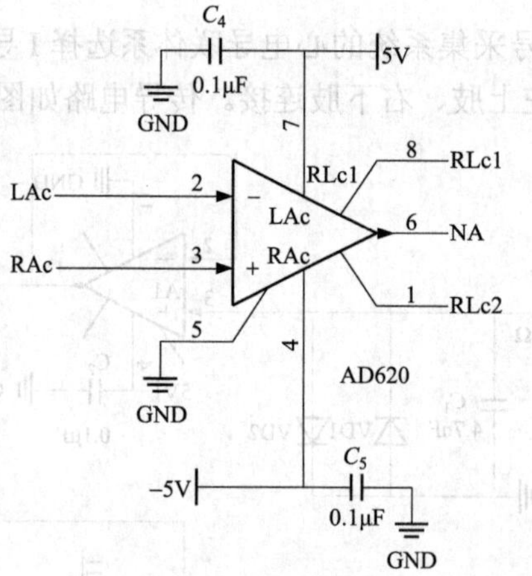

图 6.14　前级差分放大电路

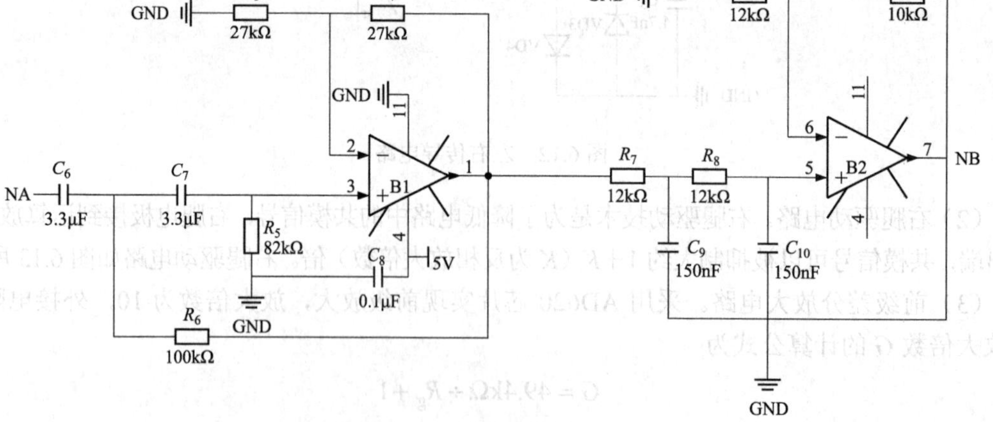

图 6.15　带通滤波电路

（5）主放大电路。为达到抑制共模信号干扰的目的，主放大电路采用同相放大，其放大倍数为 25，G 的计算公式为

$$G = 1 + R_{12} / R_{11}$$

其主放大电路如图 6.16 所示。

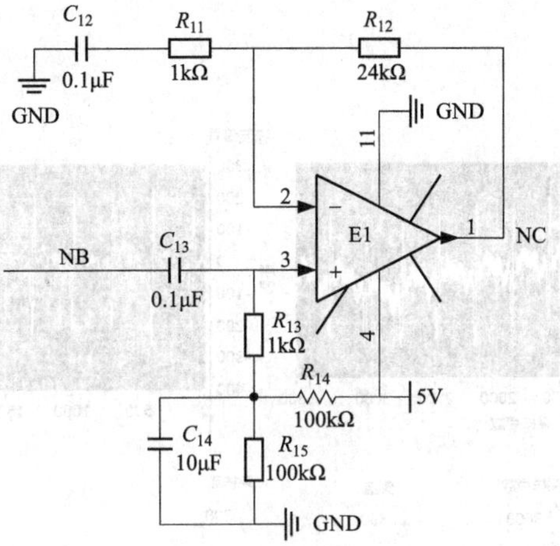

图 6.16　主放大电路

（6）陷波电路。作为人体外部噪声，50Hz 工频噪声是心电信号的主要噪声，设计采用双 T 有源陷波器滤除工频干扰。陷波电路如图 6.17 所示。

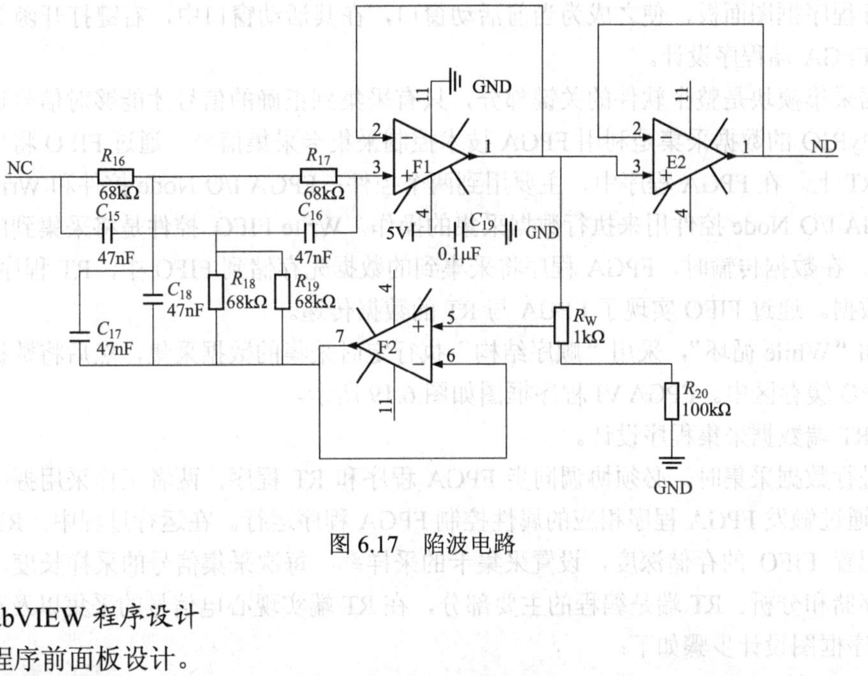

图 6.17　陷波电路

2. LabVIEW 程序设计

（1）程序前面板设计。

打开程序前面板，使之成为当前活动窗口，在其活动窗口中，右键打开控制选板：

1）添加 2 个“图形”显示控件用于显示采集信号和滤波后心电信号：控件选板→新式→图形→波形图表。

2）添加 3 个“数值输入控件”用于设置采样率、采样点数以及采样频率：控件选板→新式→数值→数值输入控件。

3）添加1个“停止”控件，用于控制整个程序的结束：控件选板→新式→布尔→停止按钮。设计完成的LabVIEW前面板如图6.18所示。

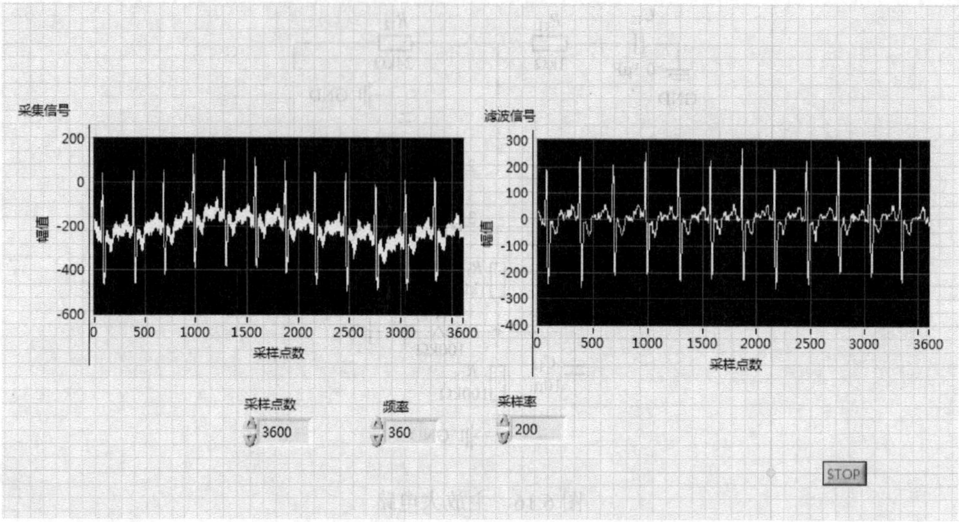

图6.18 心电采集前面板

（2）程序框图设计。

打开程序框图面板，使之成为当前活动窗口，在其活动窗口中，右键打开函数选板：

1）FPGA端程序设计。

数据采集模块是整个软件的关键部分，只有采集到正确的信号才能够对信号进行后续的处理，MyRIO的数据采集是利用FPGA技术控制采集卡采集信号，通过FIFO将采集的信号传送到RT上。在FPGA程序中，主要用到两个控件：FPGA I/O Node控件和Write FIFO 控件。FPGA I/O Node控件用来执行数据采集的操作，Write FIFO 控件是将采集到的数据写入FIFO中，在数据传输时，FPGA程序将采集到的数据先存储到FIFO中，RT程序再从FIFO中读取数据。通过FIFO实现了FPGA与RT的数据传递。

添加“While循环”，采用“顺序结构”执行定时采集的数据采集，然后将数据依次写入DMA FIFO缓存区中。FPGA VI程序框图如图6.19所示。

2）RT端数据采集程序设计。

在进行数据采集时，必须协调同步FPGA程序和RT程序，两者工作采用握手方式，使RT程序通过触发FPGA程序相应的属性控制FPGA程序运行。在运行过程中，RT程序中首先需要配置 FIFO 的存储深度，设置采集卡的采样率、每次采集信号的采样长度，同时完成信号的存储和分析。RT端是编程的主要部分，在RT端实现心电信号的采集以及存储功能，RT端程序框图设计步骤如下：

Step1：采用“Open FPGA VI Reference Function”调用FPGA.vi；

Step2：采用调用方式函数（Invoke Method Function），将其设置为读取方式，此时等待中断请求（Wait on IRQ）；

Step3：添加“While 循环”，调用读取方式控件，输入与打开FPGA控件的输出相连接，此时选择FPGA to RT.vi的方式为读入，通过设置采样点数以及采样时长计算采样率，其中

Data 输出连接波形图表；

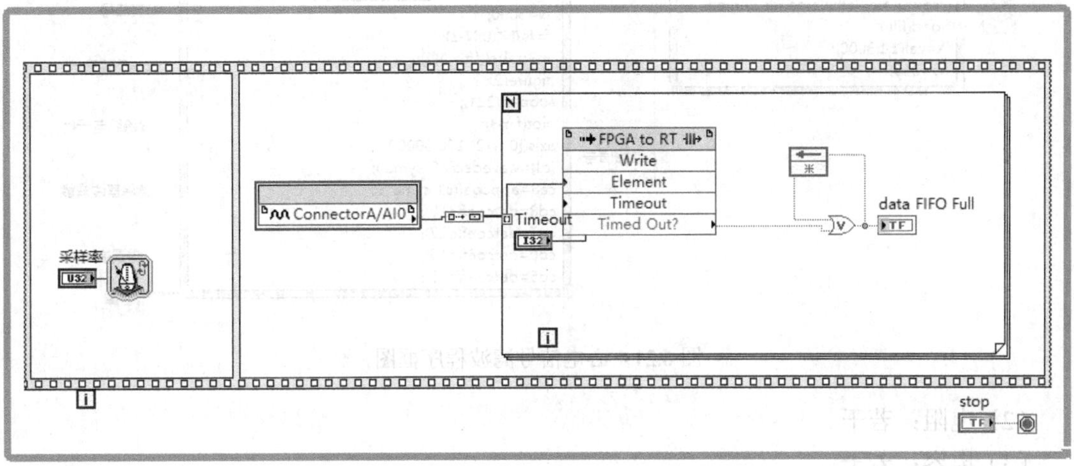

图 6.19　FPGA 端程序框图

Step4：循环结束后，通过 Close FPGA VI Reference Function 关闭 FPGA VI，其程序框图如图 6.20 所示。

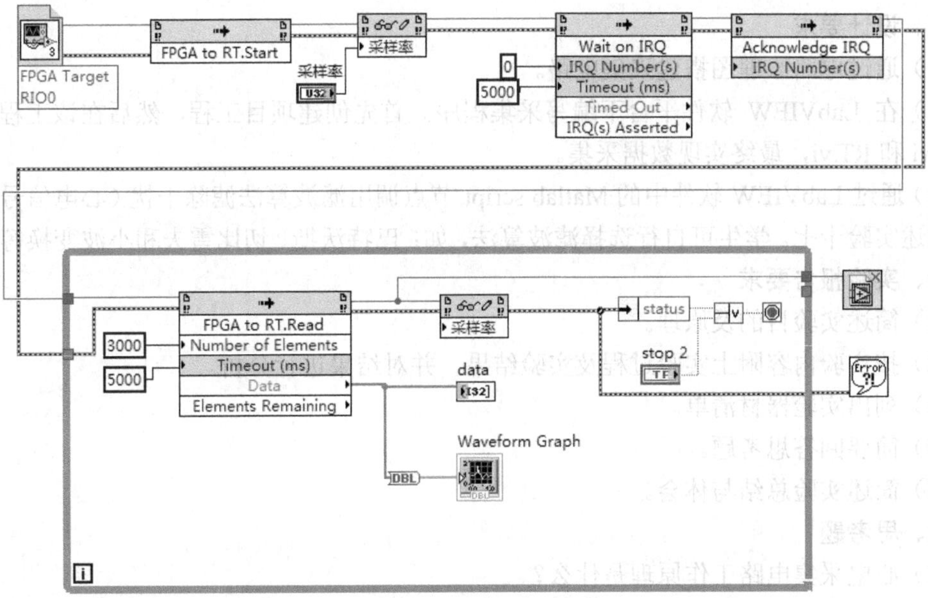

图 6.20　RT 端程序框图

3）LabVIEW 与 MATLAB 混合编程的滤波设计。

由于采集到的实时心电数据存在干扰，因此要对干扰进行滤除。本设计采用 LabVIEW 中的 Matlab script 节点调用滤波算法进行滤波分析。本示例采用的方法是小波变换法，其程序框图如图 6.21 所示。

四、实验仪器和器材

（1）NI myRIO：1 块。

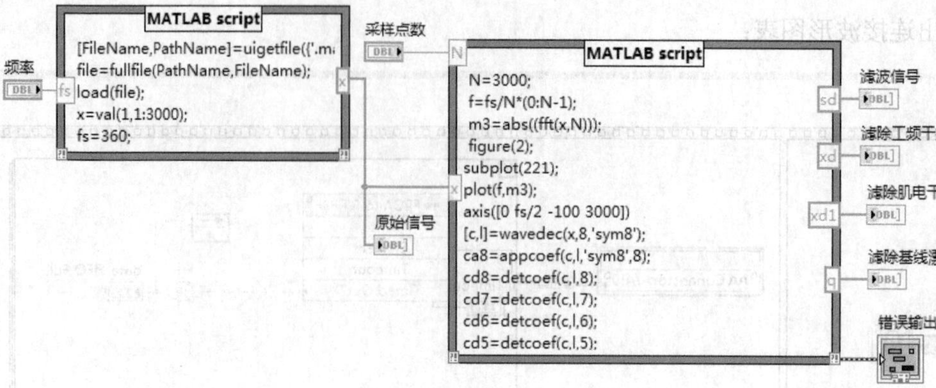

图 6.21　心电信号滤波程序框图

（2）电阻：若干。

（3）电容：若干。

（4）二极管：4 个。

（5）面包板：1 块。

（6）运算放大器 LM324：4 个。

（7）运算放大器 AD620：1 个。

五、设计要求

（1）通过电路原理图搭建采集电路。

（2）在 LabVIEW 软件平台下编写采集程序。首先创建项目工程，然后在该工程下编写 FPGA.vi 和 RT.vi，最终实现数据采集。

（3）通过 LabVIEW 软件中的 Matlab script 节点调用滤波算法滤除干扰（心电信号主要干扰同前述实验十七。学生可自行选择滤波算法，如：巴特沃斯、切比雪夫和小波变换等方法）。

六、实验报告要求

（1）简述实验目的及原理。

（2）按实验内容附上实验过程及实验结果，并对结果进行分析。

（3）列出实验器材清单。

（4）简要回答思考题。

（5）简述实验总结与体会。

七、思考题

（1）心电采集电路工作原理是什么？

（2）采集电路的放大倍数如何选择？

（3）如何在 LabVIEW 中创建工程？

（4）NI myRIO 数据采集任务的实现方法？

实验二十一　基于 LabVIEW 的 HRV 分析系统设计

一、实验目的

(1) 掌握心电信号特点及心率变异性生理概念。

(2) 掌握心率变异性时频域分析方法及指标。

(3) 熟悉 LabVIEW 软件编程方法。

基于 LabVIEW 的 HRV 分析系统设计

二、软件环境

安装 LabVIEW 2012 版软件（该软件需安装 2012 版生物医学工具包，即 LabVIEW Biomedical Toolkit 2012）。

三、实验原理

心率变异性（Heart Rate Variability，HRV）指连续心搏间瞬时心率的微小涨落，反映了心脏交感神经和迷走神经活动的紧张性和均衡性，是一种检测自主神经性活动的非侵入性指标。它产生于自主神经系统对窦房结自律性的调制，使心搏间期一般存在几十毫秒的差异或波动。

HRV 蕴含着大量心血管系统的调节信息，且是评价自主神经系统的最好指标，通过提取和分析 HRV 可以定量的评估神经、体液刺激下自主神经系统调节的紧张与均衡性，及其对心血管系统的影响。因此，需要设计一个 HRV 分析系统。HRV 的分析方法主要采用时域分析和频域分析，通过提取时域及频域特征来评估其生理状态。

1. 时域分析

时域分析采用统计学分析方法，其统计学指标如下：

均值（$MEAN$）反映了 RR 间期的平均水平，单位为 ms，计算公式为

$$MEAN = \overline{RR} = \sum_{i=1}^{N} RR_i / N$$

总体标准差（$SDNN$）反映 HRV 的总体变化，单位为 ms，计算公式为

$$SDNN = \sqrt{\frac{1}{N}\sum_{i=1}^{N}(RR_i - \overline{RR})^2}$$

式中：N 为 HRV 检测时间内 RR 间期的个数，RR_i 是第 i 个 RR 间期，$\overline{RR}$ 是 N 个 RR 间期的平均值。

相邻 RR 间期差值均方根（$RMSSD$）反映了 HRV 中的快变化成分，单位为 ms，其计算公式为

$$RMSSD = \sqrt{\frac{1}{N-1}\sum_{i=1}^{N-1}(RR_{i+1} - RR_i)^2}$$

全部相邻 RR 间期之差的标准差（$SDSD$），公式为

$$SDSD(\text{ms})=\sqrt{\frac{\sum_{i=1}^{N}(\Delta RR_i-\overline{\Delta RR})^2}{N-1}}$$

其中ΔRR_i指连续相邻两个*RR*间期的差，即相邻两个*RR*间期，后一个*RR*间期减去前一个*RR*间期；$\overline{\Delta RR}$指*N*个连续相邻两个*RR*间期差的平均值。

NN50：全部*RR*间期里，相邻*RR*间期之差大于50ms的心搏数。

相邻*RR*间期之差大于50ms的个数占总的*RR*间期个数比（PNN50），反映*RR*间期的突然变化，单位为%，计算公式为

$$PNN50=NN50\div \text{TotalNN}\times 100\%$$

*SDANN*是24h全程心电信号内全部连续5min的*RR*间期均值的标准差，计算公式为

$$SDANN=\sqrt{\frac{\sum_{i=1}^{N}(\overline{RR_i}-\overline{\overline{RR}})^2}{N}}$$

其中，*N*为24h以5min为间隔的分隔数，当每一段都符合HRV测量要求时，*N*=288。$\overline{\overline{RR}}$为*N*个$\overline{RR_i}$的平均值。

2. 频域分析

频域分析采用AR模型法来提取频域特征。

AR模型（自回归模型，Auto Regression Model）可用如下差分方程表示，即

$$x(n)=-\sum_{k=1}^{p}a_k x(n-k)+u(n)$$

其中AR模型的阶数用p表示，白噪声序列用$u(n)$表示，$a_k, k=1,2,\cdots,q$是AR模型的参数，通过z变换，可以得到系统传递函数有

$$H(z)=\frac{1}{A(z)}=\frac{1}{1+\sum_{k=1}^{p}a_k z^{-k}}$$

从而得到输出序列的功率谱

$$P_{\text{x}}(\omega)=\sigma_{\omega}^2\left|H(\text{e}^{\text{j}\omega})\right|^2=\frac{\sigma_{\omega}^2}{\left|1+\sum_{k=1}^{p}a_k \text{e}^{-\text{j}k\omega}\right|^2}$$

频域参数及生理意义如表6.1所示。

表6.1 **频域参数及生理意义**

频域参数	参数意义
VLF极低频段（0.0033～0.0400Hz）的功率	反映心率变化受热调节（体温），血管舒缩张力和肾血管紧张素系统的影响
LF低频段（0.04～0.15Hz）的功率	反映心率变化受热调节（体温），血管舒缩张力和肾血管紧张素系统的影响

续表

频　域　参　数	参　数　意　义
HF 高频段（0.15～0.40Hz）的功率	反映迷走神经的调节
TP 信号总功率（VLF、LF 和 HF 的总和）	反映 HRV 大小
LF/HF	反映自主神经系统的平衡状态，代表交感神经张力的高低

四、心电信号数据来源

数据来源同前述实验十七。

五、实验内容

LabVIEW 程序设计：

（1）前面板设计。

打开程序前面板，使之成为当前活动窗口，在其活动窗口中，右键打开控制选板：

1）添加“选项卡控件”，创建时频域分析分支。

2）在时域分支添加“数值”控件：控件选板→新式→数值→数值显示控件。

3）在时域分支添加“图形”显示控件：控件选板→新式→图形→波形图表。

4）在频域分析添加“数值”控件：控件选板→新式→数值→数值显示控件。

5）在频域分析添加“图形”显示控件：控件选板→新式→图形→波形图表。

设计完成的 LabVIEW 前面板如图 6.22 所示。

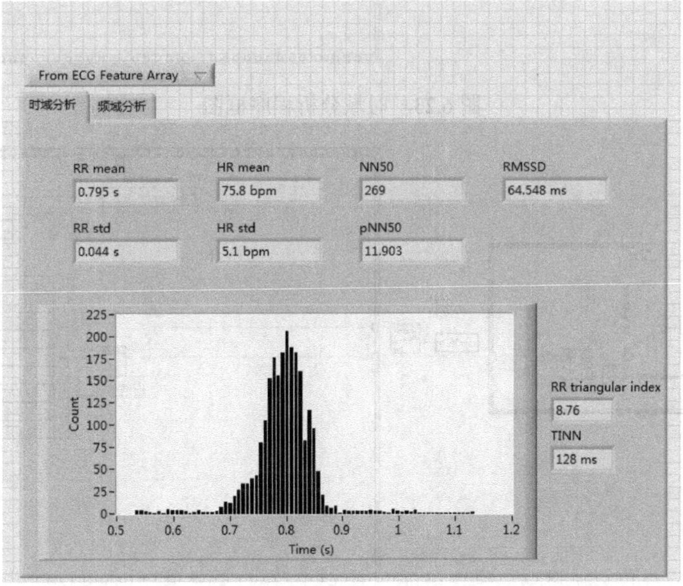

图 6.22　HRV 分析前面板

（2）程序框图设计。

打开程序框图面板，使之成为当前活动窗口，在其活动窗口中，右键打开函数选板：

1）添加一个“条件结构”，在条件结构里面添加“For 循环”。

2）在 For 循环中添加“按名称解除捆绑函数”且添加一个“删除数组元素函数”。

3）添加一个“WA Detrend VI”用于去除低频分量。

4）添加一个"层叠式顺序结构"，创建时域分析分支和频域分析分支。

5）在时域分析分支中添加"HRV Statistics VI""数组大小函数"及"按名称解除捆绑函数"，最后单击右键创建显示控件。

6）在频域分析分支中添加"HRV AR Spectrum VI"及"按名称解除捆绑函数"，最后单击右键创建显示控件。

设计完成的 LabVIEW 时频域程序框图如图 6.23、图 6.24 所示。

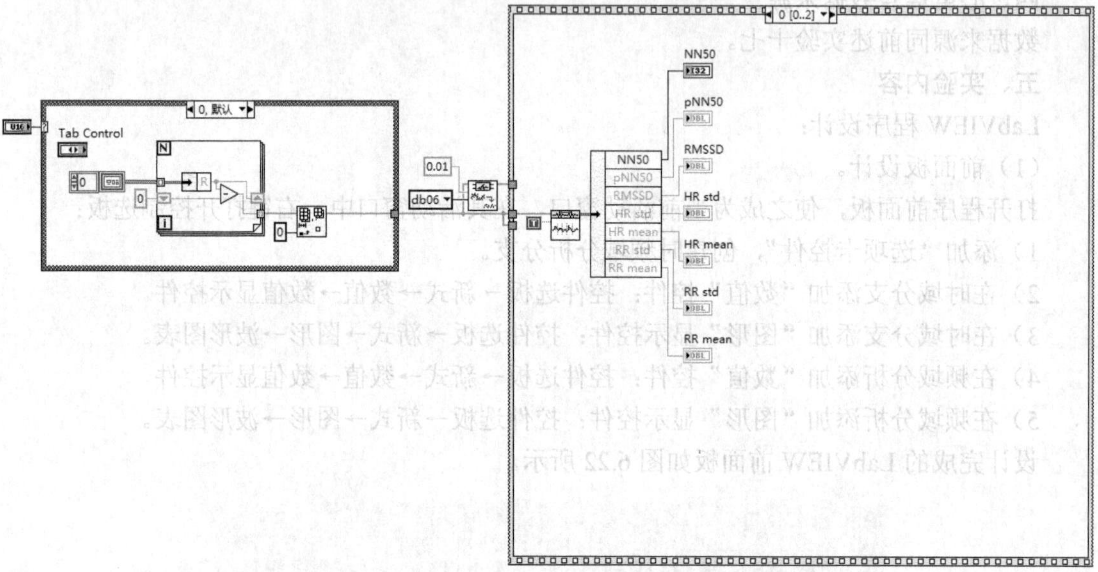

图 6.23　时域分析程序框图

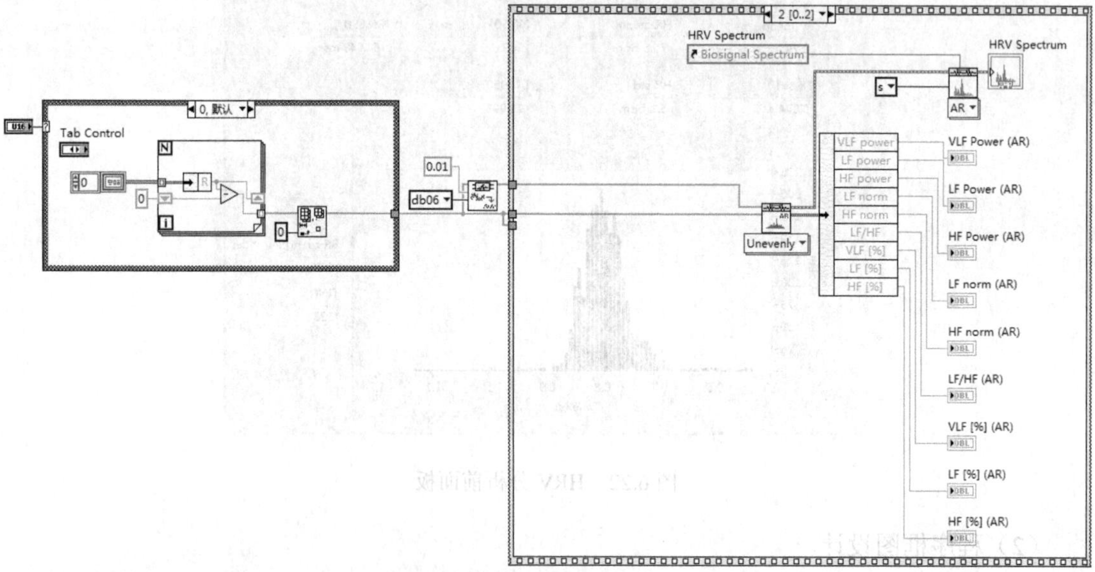

图 6.24　频域分析程序框图

六、设计要求

（1）要求在 MIT-BIH 中下载不含噪的心电数据。

（2）通过 LabVIEW 软件设计检测出心电数据 R 波的程序框图，并计算 RR 间期，得到 HRV 信号。

（3）采用 LabVIEW 编写程序对 HRV 进行时域和频域分析，提取出时频域特征并通过特征数据及波形判断人体生理状况。

七、实验报告要求

（1）简述实验目的及原理。

（2）按实验内容附上前面板及程序框图。

（3）附上实验结果，并对结果进行分析。

（4）简要回答思考题。

（5）简述实验总结与体会。

八、思考题

（1）什么是心率变异性？它的生理意义是什么？

（2）心率变异性的分析方法有哪些？指标有哪些？

（3）说明频域分析方法中 AR 模型的阶数选择依据？